2012中国中等职业学校学生发展与就业报告编写组　编　著

# 2012
# 中国中等职业学校
## 学生发展与就业报告

外语教学与研究出版社
FOREIGN LANGUAGE TEACHING AND RESEARCH PRESS
北京 BEIJING

# 图书在版编目(CIP)数据

2012 中国中等职业学校学生发展与就业报告/《2012 中国中等职业学校学生发展与就业报告》编写组编著. — 北京：外语教学与研究出版社，2013.1
ISBN 978-7-5135-2765-1

Ⅰ.①2… Ⅱ.①2… Ⅲ.①中等专业学校—学生—发展—研究报告—中国—2012 ②中等专业学校—学生—就业—研究报告—中国—2012 Ⅳ.①G718.3

中国版本图书馆 CIP 数据核字（2013）第 017829 号

出 版 人：蔡剑峰
责任编辑：朱元刚　陈　庆
封面设计：彩奇风
出版发行：外语教学与研究出版社
社　　址：北京市西三环北路 19 号（100089）
网　　址：http://www.fltrp.com
印　　刷：北京铭传印刷有限公司
开　　本：710×980　1/16
印　　张：4.75
版　　次：2013 年 1 月第 1 版　2013 年 1 月第 1 次印刷
书　　号：ISBN 978-7-5135-2765-1
定　　价：18.00 元
＊　　＊　　＊
职业教育出版分社：
地　　址：北京市西三环北路 19 号 外研社大厦 职业教育出版分社（100089）
咨询电话：010-88819475
传　　真：010-88819475
网　　址：http://vep.fltrp.com
电子信箱：vep@fltrp.com
购书电话：010-88819928/9929/9930（邮购部）
购书传真：010-88819428（邮购部）
＊　　＊　　＊
购书咨询：(010)88819929　电子邮箱：club@fltrp.com
如有印刷、装订质量问题，请与出版社联系
联系电话：(010)61207896　电子邮箱：zhijian@fltrp.com
制售盗版必究 举报查实奖励
版权保护办公室举报电话：(010)88817519
物料号：227650001

# 编写组名单

顾　问：张天保

主　编：王继平　刘占山　汪大勇

编　者：（按姓氏笔画排序）

于志晶　马成荣　文春帆　史晓鹤　邬宪伟　刘　海

刘育锋　刘景连　苏　杨　杨公安　张　元　张　伟

张　婷　张志增　陈　嵩　周敬山　赵丽丽　咸桂彩

黄　辉　董素玉　董振华　蒋乃平　戴潜艇

**总策划：** 鲁　昕　教育部副部长

葛道凯　教育部职业教育与成人教育司司长

# 序

　　青少年是国家的未来和民族的希望。中等职业教育是职业教育的高中阶段，其在校生绝大多数都是青少年，绝大多数来自农村和城市经济困难家庭，毕业后多数直接就业、走向社会，他们的综合素质直接关系到未来产业大军的素质，关系到产品和服务的质量，关系到我国在世界经济发展中的竞争力。教育引导职业学校学生健康成长，帮助他们顺利就业创业，这不仅是教育部门承担的重要使命，也是社会各界关心关注的热点问题。

　　近年来，国家大力发展职业教育，各地各职业学校全面贯彻党的教育方针，全面实施素质教育，坚持育人为本、德育为先、能力为重、全面发展，学生的思想道德、职业技能、文化素养都得到显著提高，职业教育步入历史上最好的时期之一。尤其是数千万中职毕业生走上工作岗位，为我国应对世界金融危机和全球经济低迷，推动经济结构调整和产业转型升级提供了重要人力资源支撑。事实证明，中等职业教育在发展经济、改善民生、促进社会和谐中越来越发挥着不可替代的重要作用。

　　观叶以知秋，鉴往以知来。这份报告作为第一份聚焦于中职学生发展和就业情况的报告，第一次以第三方的角度观察分析，第一次从学生的角度反映职业教育人才培养质量。报告主题明确、层次清楚、结构合理、语言平实、深入浅出、图文并茂，以丰富的数据、实例和图表为支撑，实现了学术报告严谨性和政策咨询报告务实性的统一。作为最初的读者，我读完后的突出印象可以用八句话概括：中职学生群体规模庞大，国家非常重视中职生的培养，中职毕业生就业状况好，青少年上中职学校有前途，家长和社会能放心，中职毕业生的社会贡献大，面向未来中等职业教育的挑战和机遇将长期并存，中职生的发展和就业需要社会各界共同关心。

我相信，这份报告对于促进社会各界了解中等职业教育，关注中等职业教育，准确、深入认识中职学生，共同关心中职学生的成长，具有重要意义。应该说，这是一次有益的探索，也是一份宝贵的资料。报告的策划者和具体参与编写的同志们做了一件非常有意义的事情。在此，我代表中国职业技术教育学会对他们表示由衷的敬意！

中等职业教育是青年人通过教育实现带技能就业的重要途径，承载着千百万个家庭对于美好生活的期待。目前，中等职业教育的发展还面临一些困难和挑战，与经济社会发展和人民群众的需要还有一定差距，仍是整个教育体系的薄弱环节。我们要认真贯彻落实党的十八大精神，以科学发展观为指导，加快发展现代职业教育，以形成适应经济发展方式转变和产业结构调整要求、体现终身教育理念、中等和高等职业教育协调发展、有中国特色的现代职业教育体系，办好人民满意的职业教育为中长期目标，进一步深化职业教育办学体制、运行机制和人才培养模式改革，大力推动产教结合、校企合作，加快培养数以亿计的具有良好职业道德、职业技能和就业创业能力的高素质劳动者和技能型人才，为我国经济社会发展提供更大的智力支持和人才贡献。

我相信，有党中央国务院的坚强领导，有教育战线同志们的共同努力，有社会各界的鼎力支持，职业教育的改革发展必将掀开新的篇章，一定能迎来又一个阳光明媚的春天！

是为序。

中国职业技术教育学会会长　張天保

2012 年 11 月 16 日

# 目　录

# 专栏目录

# 实例目录

# 1 教育概况

## 1.1 国家教育事业的重要组成部分

职业教育是国家教育事业的重要组成部分，是与经济社会发展联系最紧密、最直接的一种教育类型，是促进经济、社会发展和劳动就业的重要途径。发展职业教育，努力解决青年人的择业能力和就业问题，是世界各国发展的共同目标。通过提高劳动者素质促进积极稳定就业，提高低收入群体收入和劳动者收入水平，不断缩小收入分配差距、城乡差距与区域差距，是保障和改善民生、体现社会公平的重要基础。

目前，我国职业教育包括职业学校教育和职业培训两种形式，分为初等、中等和高等三个层次。初等、中等职业学校教育分别由初等、中等职业学校实施；高等职业学校教育根据需要和条件由高等职业学校实施，或者由普通高等学校实施。

2011年，全国有中等职业学校 13 093 所，在校生 2 205.33 万人；高等职业学校 1 280 所，在校生 958.85 万人；依托学校等开展各类职业培训 6 000 多万人次。近几年，中高等职业学校年招生数分别占到了高中阶段教育和高等教育的半壁江山，职业教育规模居世界首位。

**专栏 1　国家要求高中阶段教育职普比例要保持"大体相当"**

2010 年 7 月发布的《国家中长期教育改革和发展规划纲要（2010—2020 年）》提出："根据经济社会发展需要，合理确定普通高中和中等职业学校招生比例，今后一个时期总体保持普通高中和中等职业学校招生规模大体相当。"

## 1.2 现代职业教育的重要主体

中等职业学校教育是职业教育中的高中阶段，招收应届初中毕业生，同时也广泛招收往届初中毕业生、未升学高中毕业生、退役士兵、青年农民、农民工、在职职工、下岗失业人员等，学制一般为三年。学生毕业具有从事与所学专业相应职业必备的基础知识、工作技能和职业态度，取得中等职业学校学历证书；同时，国家在中职学校积极推行职业资格证书制度，学生毕业后通常能够通过考试取得"双证书"。

普通中等专业学校、技工学校、职业高级中学和成人中等专业学校统称为中等职业学校。二十一世纪初，一批优秀的中等职业学校转型升格，为高等职业教育的发展奠定了基础。在构建适应需求、外部对接、内部衔接、多元立交，具有中国特色、世界水准的现代职业教育体系新形势下，中等职业教育作为重要主体，在现代职业教育体系建设中发挥着基础性作用。

## 1.3 工学结合校企合作的培养模式

中等职业学校坚持育人为本，德育为先，实行工学结合、校企合作的培养模式，不断深化学校与企业、专业设置与职业岗位、课程教材与职业标准、教学过程与生产过程的对接，着力培养学生的职业道德、职业技能和就业创业能力。通过项目教学、案例教学、场景教学和模拟教学等鲜活的教学方式，以及建立弹性学习制度和以能力为本位的学习评价制度，让每个学生快乐学习、快乐成长。

在政府主导、行业指导、企业参与的办学机制引导下，中等职业学校坚持根植于区域经济和行业发展，随着经济增长方式转变"动"，跟着产业结构调整升级"走"，围绕企业人才需求"转"，人才培养具有很强的针对性、灵活性和有效性。

## 1.4 "进得来、上得起、学得好、出得去"

近年来，全国 1.3 万多所中等职业学校的布局不断优化，每个地市都分布有若干所学校，每个县至少有一所职教中心（职业学校），初步形成了覆盖城乡的中等职业教育网络，使每个求学者都能在家门口上学。中等职业教育具有面向人人、面向社会的特点，普遍实行"注册入学"，资助政策覆盖 90% 的学生，保障了求学者能随时进入中职校园学习专业知识和职业技能。

中等职业学校德育工作全面贯彻党的教育方针，把立德树人作为教育的根本任务，德育基本制度逐步建立完善，特色鲜明的德育课程体系不断完善，德育内容不断丰富，德育途径不断拓展，品牌活动和模范典型层出不穷，德育工作合力正在形成，为促进学生健康成长营造了良好氛围。

中等职业学校学生就业服务体系不断完善，职业指导工作得到加强，校企合作、集团化办学走向深入，中高职衔接紧密，学生就业和发展有了"直通车"、"多向道"和"立交桥"。"十一五"期间，全国共计有 2 800 多万中职毕业生进入各行各业，为中国现代化建设产业大军中的技能人才队伍提供了源源不断的有生力量。

## 1.5 不可替代的经济社会贡献

当前，我国进入全面建成小康社会的决定性阶段。回顾既往，职业教育为提高国民受教育年限和就业水平作出了重要贡献，在城镇化发展中为缩小地域和人群差距发挥了不可替代的重要作用，中职毕业生成为推动我国制造业发展、使我国成为"世界工厂"的生力军，也在推动城市化和农村经济发展中成为主力。展望未来，职业教育将在我国加快发展方式转变、缩小收入分配差距、改善民生中发挥更加重要的作用，同时将更加关注学生个体发展和特长发挥，帮助学生树立良好的思想道德素质，掌握必要的文化基础知识、过硬的职业技能、一定的审美意识和审美情趣，以自信、自尊、积极向上的精神风貌接受社会和用人单位的检验。从职业学校走出来的学生，将会实现更好的发展，过上更加美好的生活。

# 学生发展 ②

## 2.1 从农村西部到中职校园

中职学校学生绝大多数来自农村和城市经济困难家庭，2012 年，农村户籍学生占到在校生总数的 82%，来自中西部地区的学生占在校生总数的近 70%[1]。另据 2008 年的一项调查显示，中职学生的父亲、母亲从事农民、工人和个体工商业者人数比例约占调查总人数的 4/5 和 3/4，45.7% 的学生家庭年人均收入不足 3 000 元，家庭的社会经济地位偏低[2]。

一项针对中职学校一年级新生文化课学习状况的调查发现[3]，59.69% 的学生没有达到初中二年级数学应有的水平，72.24% 的学生没有达到初中二年级英语水平，许多学生被认为是"学习的失利者"。学生中有一部分属于父母眼中的"问题孩子"和老师眼中的"问题学生"。家庭背景、学习成绩、成长经历等多种原因使处于青春期的学生心理敏感，容易产生自卑感。这群刚满 15 岁的青少年，有志向、有朝气，朴实勤奋，吃苦耐劳，但青春期的逆反心理较强，易受外界干扰，教育难度大。如何帮助学生学好技能、重铸信心、健康发展，形成正确的世界观、人生观、价值观，是职业教育需要面对的责任和挑战。

## 2.2 从无奈茫然到自尊自信

经过学校专业教学、职业指导、社会实践等多种形式和环节的

---

[1] 数据来源：中等职业学校学生管理信息系统。

[2] 数据来源：教育部职业教育与成人教育司 2008 年组织开展的中等职业学校学生思想道德状况调查。

[3] 数据来源：中国职业技术教育学会德育工作委员会《中等职业教育对学生文化知识水平和学习能力要求的研究》（2008 年）。

4

教育活动，大多数学生从"学习的失利者"逐渐转变为职业专长的拥有者，自主发展意识不断增强，他们强烈的自尊需要逐渐转变为不断发展的职业自信，对将要从事的职业有了一定的认识和体验，对自己的人生更有信心，成为了有理想、有抱负的职业人。

## 专栏2  每个学生都有闪光点

2012年6—7月，教育部、光明日报社联合举办教书育人楷模先进事迹报告团宣讲活动。报告团成员、全国教书育人楷模、天津市电子计算机职业中等专业学校计算机专业教师徐英杰在宣讲中说："我始终坚信每一个学生都有培养的潜质，都可以掌握一技之长，成为一个有用的人，我永远不会丢下任何一个学生！有人说中职生是'朽木不可雕也'，我认为这是十足的偏见！我要说，只要你用发现的眼光去寻找，每个学生都有闪光点；只要你用艺术家的智慧去精心雕琢，每个学生都会成为可以担当大用的人才！人无全才，人人成才，这才是我们应有的教育观和人才观。"

## 实例1

### 中铁十三局职业技术学校职业理想"四维"教育模式

一是坚持"月月有主题，周周有活动"。每个月确定一个主题，每周以主题班会、演讲、知识竞赛、技能竞赛等多种形式活动为载体，提供展示学生自我的舞台，增强学生的自信。二是实行严格的日常管理。发扬学校前身解放军教导队的传统，培养学生令行禁止的作风。三是与企业共同建立德育平台。用企业文化熏陶学生，增强学生对企业的认知。四是加强职业指导。建立由专职人员、专业教师、班主任组成的职业生涯规划指导机制，为学生提供及时援助。

**实例 2**

### 职业教育给了他们翱翔天空的翅膀

莫灿添，广西柳州市第一职业技术学校毕业生，现就职于广东深圳某网络公司，工作之余和朋友开了一家网络商城。他出生在偏远地区贫困家庭，幼时因病肢体残疾。2006 年，莫灿添在地方惠民政策及社会各界爱心资助下开始接受职业教育，在学校对残疾学生的"阳光心灵"教育和学习生活上的全面关心下重拾自信，通过付出比正常人多出数倍的努力刻苦钻研网络技术，获得全国中职技能大赛"计算机企业网络搭建及应用项目"二等奖和省一等奖等多项奖励，是柳州市第一位残疾人"青工技术状元"。从 2008 年起，广西柳州市第一职业技术学校开展面向残疾人的学历教育，目前在校残疾学生已达 200 多人，生源来自广西十多个市，为推进职业教育公平、改善民生提供了新的平台。

## 2.3 从关注自我到奉献社会

绝大多数学生具有较强的爱国情感和社会使命感。调查显示，91% 的学生对国家社会稳定、经济发展充满信心；90.2% 的学生赞同个人利益应服从国家、集体利益。选择职业时能较好地考虑社会的

表 1　用人单位对中职毕业生理想信念等情况的评价（%）

| 内容 | | 很差 | 较差 | 一般 | 较好 | 很好 |
|---|---|---|---|---|---|---|
| 理想 | 发展目标 | 1.77 | 10.67 | 39.96 | 35.60 | 12.00 |
| 信念 | 社会使命感 | 1.92 | 15.63 | 40.32 | 31.77 | 10.36 |
| 自尊自信 | 自尊心 | 0.44 | 4.34 | 22.63 | 45.83 | 26.76 |
| | 自信心 | 1.24 | 7.65 | 33.88 | 39.14 | 18.09 |
| 人生社会 | 对人生理解 | 3.34 | 15.83 | 41.09 | 30.29 | 9.45 |
| | 对社会了解 | 2.51 | 13.94 | 44.54 | 29.83 | 9.18 |

数据来源：中国职业技术教育学会德育工作委员会《用人单位对中职学校德育要求的问卷调查统计》（2008 年）。

需要，愿意从自身做起，关心他人，奉献社会。通过以社会实践为载体的素质教育活动，学生的公民意识、责任意识和自信心都有显著增强。在北京奥运会、中华人民共和国建国 60 周年庆典等重大活动，以及抗震救灾等急事难事中，中职生都展现出良好的政治素质和昂扬的精神风貌。

---

**专栏 3　中职学校的社会实践教育**

社会实践教育是中等职业学校教育的重要组成部分。学校根据不同年级、不同专业，制订相应的社会实践活动计划。在城市社区、农村乡镇、爱国主义教育基地、企事业单位、部队等建立社会实践基地，让学生体验职业氛围，提高对社会的了解和认识。安排教师对学生社会实践活动进行指导，保证学生社会实践活动的针对性和效果。通过学生社团组织社会服务活动，使学生利用所学专业知识和技能服务社会。对学生的社会实践进行评价，作为评优评奖的重要依据，引导学生重视、参加社会实践。

---

**实例 3**

### "小红帽"在行动

扬州商务高等职业学校"小红帽"学雷锋志愿者协会成立于1963年，现有会员 2 300 多人。"小红帽"志愿者们以自己的专业技能，服务社会，帮助他人。烹饪专业的"小红帽"经常为社区、福利院老人送去精心制作的点心，烹调可口的佳肴；美容美发专业的"小红帽"长期为老人们修理发髻、修剪指甲；工艺美术专业的"小红帽"为孤儿院、特殊学校孩子们带去亲手制作的剪纸和泥塑，带着他们唱歌跳舞做游戏。

**实例 4**

### 世博会上的"小白菜"

2010 年上海世博会志愿者都穿着绿白色相间的志愿者服装，远看像一颗颗新鲜的白菜，他们互相昵称"小白菜"。其中很大一部分"小白菜"是中职生，他们的工作主要是参展者服务协助、参观者服务协助、交通管理协助、新闻报道协助、活动组织协助和志愿者管理协助等，他们用真诚、耐心、热情赢得了游客的尊重、信任和赞扬，经受了单日103万人次大客流的考验。他们每天起早贪黑、不厌其烦、认认真真翻开地图一个一个路口向游客指示，每天从早上七点到下午三点半，站立数小时依然精神饱满。

**实例 5**

### 舍己救人的中职生

付冬梅，北京昌平职业学校学生。2008 年 10 月 24 日，正在民航通力公司实习担任检票员的她面对疾驰而来失控的公交车，毫不犹豫地推开两名不知情的候车乘客，候车乘客得救了，付冬梅却付出了生命的代价。

索南东智，西宁第一职业技术学校学生。2008 年 2 月 16 日，面对熊熊燃起的大火，他冲进火海中，救出 10 岁女孩，自己失去知觉，躺倒在地，而被他始终守护在怀里的小女孩毫发未损。经医院检查，索南东智身体多处三度烧伤。

## 2.4 从懵懂少年到文化新人

在有职教特色的校园文化的熏陶下，通过接受养成教育、人文素质教育，以及"文明风采"竞赛等特色活动的激励，中职学生在学习掌握技能的同时，有了良好的行为规范，职业素养和人文素养逐步提高。在家长的眼中，孩子上学后，发生了可喜的变化，好像变了一个人——有礼貌了，懂得感恩了，做事情有章法了。

**专栏 4　中职学校"以文化人"**

　　中等职业学校通过各种途径，加强文化素质教育，促进学生全面发展。一是校园文化育人，中职学校加强校园自然环境和人文环境建设，通过环境陶冶学生的情操。二是企业文化育人，吸收产业文化和优秀企业文化进入校园，进入课堂，使学生提前融入职场氛围，感知企业文化，感悟职业精神。三是素养课程育人，文化课、体育与健康课、艺术课等教学渗透着德育内容。开发《名画百幅赏析》等中职学校职业素养系列教材，培养学生审美情趣和人文素养。四是社会实践育人，学校开展各种社会实践活动，使学生在活动中增长知识，提高自身综合素质。

表2　用人单位对就业的中职毕业生行为习惯的评价（%）

| 内容 | 很差 | 较差 | 一般 | 较好 | 很好 |
| --- | --- | --- | --- | --- | --- |
| 行为自觉性 | 1.44 | 10.56 | 39.90 | 37.03 | 11.07 |
| 行为坚韧性 | 1.39 | 13.09 | 45.88 | 31.00 | 8.64 |
| 行为自制性 | 1.32 | 11.00 | 42.79 | 35.14 | 9.75 |
| 行为果断性 | 1.29 | 10.91 | 45.17 | 32.77 | 9.86 |

资料来源：中国职业技术教育学会德育工作委员会《用人单位对中职学校德育要求的问卷调查统计》（2008）。

**实例 6**

### 各地中职学校大力推进文化素质教育

　　上海市将文化素质教育纳入中职生培养体系的重要组成部分，将优秀的学习资源和现代教育技术结合，开发建设了"音乐欣赏""舞蹈欣赏""美术欣赏""中国民俗""上海乡土文化"等25门人文素养教育网络课程供全市中等职业学校学生选修学习。

江苏省张家港第二职业高级中学开展以"读名著、诵名诗、听名曲、赏名画、观名剧"为核心的"五名活动",以教育部组织编写的学生人文素养教材《古诗百首赏析》《名画百幅赏析》《名曲百首赏析》为主导,以形式多样的主题活动为载体,打造文化宿舍、文化教室、文化广场、文化艺术节等特色鲜明的校园文化风景线。

**实例 7**

## 吉林女子学校从礼仪教育入手培养新女性

吉林女子学校从礼仪教育入手,持续开展女校传统文明礼仪教育、礼仪实践周、礼仪风采大赛等活动,将礼仪教育扩展到学生学习、生活的每个环节,如文明就餐、文明就寝、文明乘车、文明观看等。通过对学生进行日常行为规范教育、礼仪教育、感恩教育、诚信教育、心理健康教育、环境教育、美德教育、职业道德教育,改变了学生初入校时散漫的行为习惯,学生人人争做"智德婵媛"的新女性。

**实例 8**

## 株洲市中等职业学校量身定制 7S 管理

7S 指的是日文 seiri(整理)、seiton(整顿)、seisou(清扫)、seiketsu(清洁)、shitsuke(素养)的注音和英文 safety(安全)、save(节约)的第一个字母,是现代企业行之有效的管理理念和方法。株洲市中等职业学校借鉴 7S 管理理念,实施校园 7S 管理,制定管理细则和相关标准,培养学生效益、节约意识,提高学生学习工作效率和职业素养,营造良好环境、打造校园品牌,建设安全校园、培养安全意识,取得良好成效。

## 2.5　从单一课堂到工学结合

　　教授文化知识和专业知识，实行校企合作、工学结合教学模式，注重课堂与职场相结合，让学生掌握未来工作必备的专业技能，并为其终身发展和幸福生活做好准备，这是中职学校教育的特点，也是职责所在。中等职业学校专业技能课程学时一般占总学时的 2/3；以工学交替的方式开展教学，学生在"做中学，学中做"，保证学生能够受到有效的技能训练；"双师型"教师以及聘请的企业专业技术人员和能工巧匠组成的教师队伍，保证学生能得到高质量的教学和具体指导；教学计划中安排有企业顶岗实习环节，使学生走出传统课堂的封闭空间，获得职业工作和生活经验，学生的学习目标感和针对性逐渐增强。

**实例 9**

### 太仓职教中心"教学工厂"人才培养模式

　　学校与知名企业合作，引企入校，在校内设立了与主要专业相对应的 29 个"教学工厂"。这些教学工厂既是企业的一个生产车间或一条生产线，也是学校教学场所，专门设有"教学角"。在教学工厂，教师也是师傅，学生也是员工。教学采用项目教学法，把生产项目与专业学习结合起来，让学生边干边学，手脑并用。考核的重点是学生的"工作"态度和技能掌握程度。教学工厂的环境布置体现工厂实际情况，通过情景创设，让学生养成职业行为习惯。学生完成"教学工厂"的学习后，要到企业顶岗实习。

## 2.6　从知识考场到技能赛场

　　"普通教育有高考，职业教育有大赛"。2002 年，全国职业院校技能大赛开赛。2008 年大赛落户天津并每年举办一届，成为全国职业院校学生大检验、大练兵的平台。通过"校校有比赛、层层有选拔、全国有大赛"的机制，每年有数百万中职学校学生参加各种"学、训、赛"活动。5年来大赛赛出了近万名"状元"，他们成为企业争抢的"香饽饽"。

**专栏5  全国职业院校技能大赛的特点**

全国职业院校技能大赛作为一项技能人才评价与选拔制度，呈现出以下发展特点：一是规模不断扩大。2008年至2012年，大赛的主办单位由11个增加到23个，赛项由11个扩大到96个，参赛人数由3 000人增长到近万人。二是行业企业全面参与。2012年大赛的96个项目均由行业参与组织和指导，均有企业参与实施，共有50余个行业、300余家企业参与支持比赛。三是组织更加规范。大赛逐步建立起大赛组委会、执委会—赛区组委会、执委会—赛项执委会、专家组的组织机构；制定有《裁判与仲裁工作要求》《奖励工作规定》等系列规范性文件。四是办赛日趋开放。与大赛同期举办的活动日益丰富多彩；各赛项一体化设计现场比赛、技术体验和成果展示环节，最大限度开放赛场；广泛邀请国际同行观摩、体验大赛。

**实例10**

### "大赛尖子"成为"国际名模"

2009年全国职业院校技能大赛中职组模特比赛现场，来自江苏模特艺术学校的薛秀秀格外引人注目，她艳压群芳，一举夺得中职组模特技能比赛一等奖。上海一家著名的模特公司当即与其签约，邀请她毕业后正式进军模特界。进入公司后，薛秀秀很快成为上海国际服装周的"台柱子"，并被国外著名服装设计师选中，多次参加法国巴黎服装周表演，成为"国际名模"。

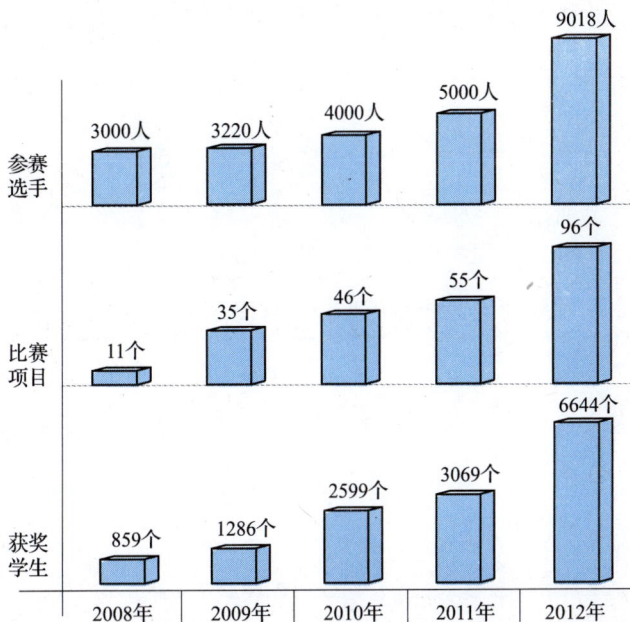

**图1　越来越多的职校生通过全国职业院校技能大赛脱颖而出**

资料来源:《职业技术教育》2012 年 9 期。

## 2.7　从学历证书到双证在手

　　在中职学校,学生在专业学习与技能训练中掌握了谋生立足的专业技能,85% 以上的学生都在毕业时取得了"双证书"——中等职业学校学历证书和职业资格证书,既完成了高中阶段学历教育,又达到行业职业标准要求,拥有了就业的敲门砖。

表3　2011年全国十个城市中等职业学校毕业生获得资格证书总体情况

| | 学校数（所） | 毕业学生数（人） | 就业学生数（人） | 就业率（%） | 获得职业资格证书人数（人） | 获得职业资格证书情况占毕业学生比例（%） |
|---|---|---|---|---|---|---|
| 十个城市 | 146 | 109 490 | 89 754 | 98.32 | 93 151 | 85.08 |

资料来源:《2011 年中等职业学校毕业生就业质量抽样调查报告》。表中的十个城市为:河北省张家口市,山东省青岛市、潍坊市,浙江省宁波市,江苏省扬州市,广东省惠州市,广西自治区柳州市,湖北省武汉市,湖南省株洲市,四川省成都市。

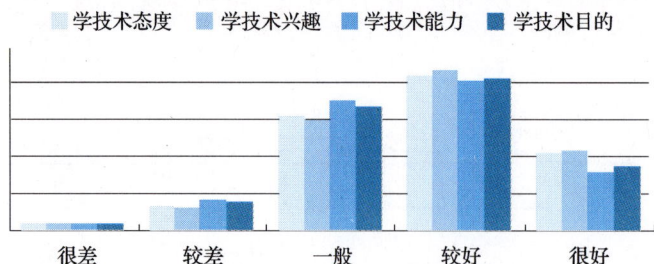

图2 用人单位对就业的中职毕业生技术学习状况的评价

**实例 11**

### 多证在手，开启新的人生

任耀君，2006年进入大连电子学校电子技术应用专业学习。他虚心向老师、同学请教，积极参加学校组织的各种专业实践活动，专业知识和技能水平不断提高，获得无线电装接工等级证书和计算机技能等级证书。毕业后，学历证书和两个技术等级证书在手的他被大连一家企业录用，成为一名精密仪器修理技术员。凭着一身过硬技术，任耀君多次出色地承担抢修任务，得到领导和同事的称赞，连续四年被评为本系统的先进工作者。

## 2.8 从被动学习到自主创业

在中职学校学习的知识、技能，让学生感觉看得见、摸得着了，不再是被动灌输，学生在学习的过程中，就开始琢磨如何学以致用了。调查显示，有81%的中等职业学校学生有毕业后创业的想法。一些学生未出校园就已经做起了"小老板"，成为校园中的"创业明星"。学校鼓励、支持和发挥了他们的想象力和创造性，成就了他们的创业梦。

**专栏6 学生参与创业教育的渠道不断拓宽**

近年来，学生参与创业教育的渠道不断拓宽。一是参加学校引进的国外先进创业教育课程的学习，努力提升创业起点；二是积极参加"就业创业节"、考察企业等以创业教育为主题的活动，深化创业的认知水平；三是参加以学生创业园为主体的创业实践活动，加强真实创业实践探索；四是通过有关企业和服务机构提供的便捷、高效的创业服务，锻炼和提升创业能力。

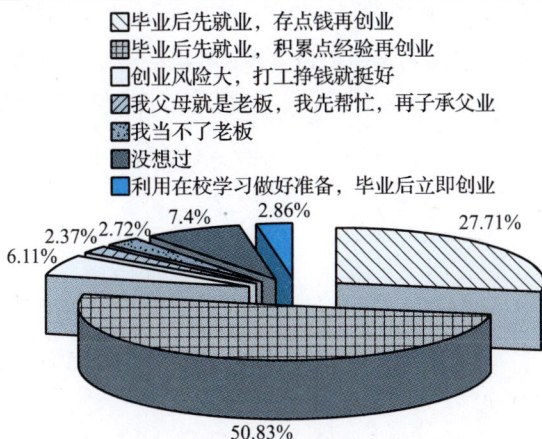

**图3　中职生对创业的想法**

资料来源：中国职业技术教育学会德育工作委员会《中等职业学校德育课教学综合调研报告》（2008）。

**实例12**

### 宁波市广泛开展创新创业教育

宁波在全市职业学校中广泛开展创新创业教育活动。中职学校和有关部门积极为学生校园创业创造条件，宁波经贸学校建立了"创业一条街"，宁波甬江职高成立了"学生创业公司"，北仑职高建立了"毕业生创业基金会"，宁海职教中心创立了"学生创业园"，古林职高帮助学生带着校园创业项目入驻"鄞州区大学生青年创业园"，涌现出了一批"校园小老板"，他们的一些创意产品在全国职业院校技能大赛的展洽会上广受关注和好评。

**实例 13**

## "科技小达人"引领"发明 + 创业"

柴吉琦是上海信息技术学校的学生。2011 年,他在老师的指导下发明了"教师阅卷笔",在第 26 届英特尔上海青少年科技创新大赛上获得一等奖。小柴也因此被同学们称为"科技达人"。在学校帮助下,柴吉琦组织成立了有 30 多名同学参加的"畅想科技社团"。学校专门为他们配备了科技辅导教师、实验室和实验器材。"畅想科技社团"的活动搞得有声有色,成为"技能 + 创业"、"发明 + 创业"、"创意 + 创业"活动的典型。

# 3 学生就业

## 3.1 5年毕业生3 000万

　　近几年，中职毕业生人数和就业人数逐年增加。2007年至2011年这5年间，中等专业学校、职业高中、技工学校和成人中专等四类中职学校毕业生总人数超过3 000万，与普通高中毕业生数量基本持平。特别是2009年以来，每年毕业生人数都超过600万，直接就业人数超过500万[4]。

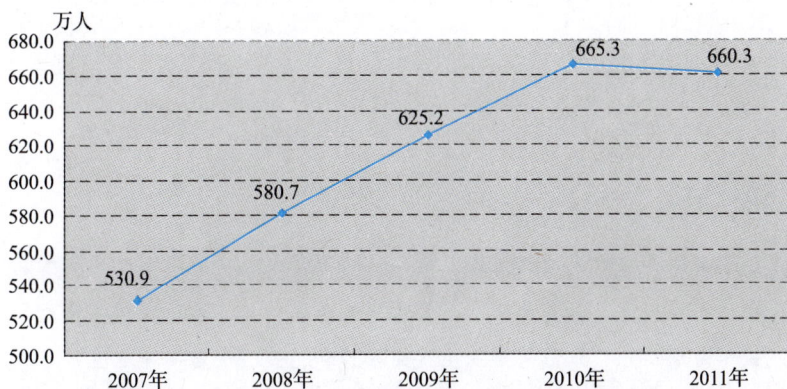

**万人**

图4　2007—2011年全国中等职业学校毕业学生数

## 3.2 就业率持续保持在95%以上

　　2007—2011年，中职毕业生就业率一直保持在95%以上[5]，高于普通高校毕业生的平均就业率（根据人力资源和社会保障部的统

---

[4]　数据来源：《中国教育统计年鉴（2007-2011年）》，人民教育出版社。
[5]　本报告所指就业包括直接就业和升学。

计，2009 年、2010 年、2011 年普通高校毕业生的平均就业率分别为87%、90.7% 和 90.6% )。

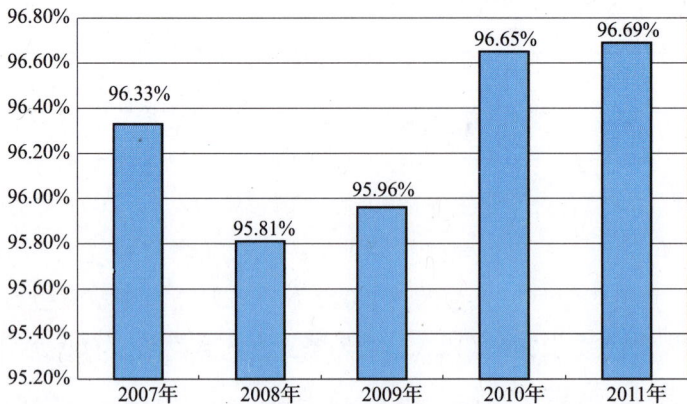

图 5 2007—2011 年全国中等职业学校毕业生平均就业率

中职毕业生选择直接就业的人数在不断增加，近 5 年，直接就业人数由 358.21 万人 [6] 增加到 476.41 万人，增幅为 33%。

**专栏7 2011 年全国各地中职毕业生就业率比较分析**

从全国各地情况看，重庆、厦门、江苏、大连、安徽五地毕业生就业率在 98% 以上。其中，重庆市毕业生就业率为 98.50%，厦门市毕业生就业率为 98.40%，江苏省毕业生就业率为 98.36%，大连市毕业生就业率为 98.23%，安徽省毕业生就业率为 98.02%。除以上五地外，高于全国平均水平的省（区、市）还有 14 个，其中，上海、广东、河南、宁波、浙江、天津、福建、新疆生产建设兵团、广西、湖北等 10 个省（区、市）毕业生就业率在 97% 以上，湖南、青岛、四川、海南毕业生就业率在

---

[6] 本节以下数据除特别说明外均来自教育部发布的中等职业学校毕业生就业情况和就业质量抽样调查结果。中等职业学校数据包括中等专业学校、职业学校和成人中专三类学校，技工学校数据暂缺。

96.77% 以上（高于全国平均水平）。辽宁、青海、宁夏、吉林、云南、深圳、山东、河北等地的毕业生就业率在 96% 以上。江西、甘肃、陕西、贵州、山西、北京等地的毕业生就业率在 95% 以上。

### 表4 2011 年全国各地中等职业学校毕业生就业情况（按就业率由高到低排序）

| 地区 | 就业率 | 地区 | 就业率 |
|---|---|---|---|
| 全国平均 | 96.69% | 海南 | 96.77% |
| 重庆 | 98.50% | 辽宁 | 96.52% |
| 厦门 | 98.40% | 青海 | 96.50% |
| 江苏 | 98.36% | 宁夏 | 96.43% |
| 大连 | 98.23% | 吉林 | 96.40% |
| 安徽 | 98.02% | 云南 | 96.39% |
| 上海 | 97.95% | 深圳 | 96.24% |
| 广东 | 97.94% | 山东 | 96.12% |
| 河南 | 97.86% | 河北 | 96.00% |
| 宁波 | 97.70% | 江西 | 95.81% |
| 浙江 | 97.50% | 甘肃 | 95.70% |
| 天津 | 97.40% | 陕西 | 95.57% |
| 福建 | 97.33% | 贵州 | 95.38% |
| 新疆生产建设兵团 | 97.27% | 山西 | 95.32% |
| 广西 | 97.16% | 北京 | 95.00% |
| 湖北 | 97.00% | 内蒙古 | 93.40% |
| 湖南 | 96.92% | 西藏 | 93.19% |
| 青岛 | 96.84% | 黑龙江 | 90.64% |
| 四川 | 96.83% | 新疆 | 88.20% |

## 3.3 专业对口率超过70%

中职毕业生保持高就业率的同时，社会越来越关注就业对口率的情况。中职毕业生是一个特殊的群体，其特点是年龄小，心智不成熟，在人才市场就业中无论是经验还是基础知识储备都不具有优势，而通过中职学校所学到的专业技能无疑是他们未来发展的最大资本。抽样调查结果表明，中职毕业生就业对口率达73%。学有所用不再是一句空话。教育数据咨询和评估机构麦可思公司调查显示，全国2009届本科毕业生专业对口率为67%。这意味着，中职就业对口率远远高于本科。

**专栏8　示范学校和热门专业对口率更高**

据教育部2011年底对273所国家级中等职业教育改革发展示范学校的调查分析显示，毕业生专业对口率平均高达83.28%。

据《中国汽车科技人才发展报告》调查显示，中职汽车相关专业2008—2010年间参与调查学校毕业生的平均一次对口就业率分别为84%、85%和87%。

**实例14**

### 上海抓中职毕业生就业的专业对口率取得明显成效

上海市自2003年起开始对全市中等职业学校实行就业公告制度，其就业率一直保持在95%以上。近几年来，上海市在保持高就业率的同时，重点抓就业质量，包括专业对口率、职业资格证书获取率等，取得明显成效。2010年毕业生总体就业的产业对口率为68.79%；2011年对25 251名就业毕业生修读专业与就业岗位对口情况的统计显示，对口和基本对口的比例达到83.35%。许多学校和专业的毕业生能取得相应专业或岗位的职业资格证书。

## 3.4 半数以上毕业生起薪高于 1 500 元

抽样调查数据显示，中职毕业生起薪均超过当地最低工资标准，近 94% 起薪在 1 000 元以上，超过 50% 起薪高于 1 500 元。其中，广东惠州、江苏扬州等城市中职毕业生的起薪高于当地最低工资标准 50% 以上，成都市近 40% 的中职毕业生起薪在 2 000 元以上，高出当地最低工资标准一倍多。95% 的毕业生与用人单位签订了劳动合同，建立起较为稳固的工作关系，其中签订一年以上就业合同的比例达到 55%。八成以上的就业学生享有社会保险和公积金，四成以上的就业学生享有五险一金。

## 3.5 五成以上毕业生进入第三产业

从 2011 年中职毕业生就业的产业分布情况看，第一产业占 7.91%，第二产业占 39.06%，第三产业占 53.03%。毕业生就业去向主要集中于第三产业。相应的，2011 年度人力资源和社会保障事业发展统计公报显示，到 2011 年底，全国就业人员 76 420 万人，其中城镇就业人员 35 914 万人。所有就业人员中，第一产业就业人员占 34.8%，第二产业占 29.5%，第三产业占 35.7%。第三产业就业人员首次超过第一产业，成为吸纳就业的第一主体。

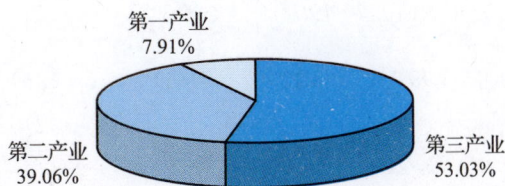

第一产业
7.91%

第二产业
39.06%

第三产业
53.03%

图6 2011 年全国中等职业学校毕业生各产业就业分布

从事第一产业的毕业生人数呈回升态势。从近 5 年的发展看，进入第一产业的毕业生人数已由 2007 年的 29.93 万增加到 2011 年的 41.59 万人，增幅为 38.96%。从事第一产业毕业生占就业总人数的比例也由上一年的 6.42% 提高到 2011 年的 7.91%，呈回升态势。

（万人）

（%）

图7　2007—2011 年全国中等职业学校在第一产业就业
的毕业生人数及比例

**农林类专业的毕业生数和就业人数相应呈增长态势。**农林类专业的毕业生人数由 2007 年的 17.01 万增加到 2011 年的 32.13 万，增幅达 88.89%，占毕业生总数的比例也相应提高了 1.9 个百分点；农林类专业的就业学生数由 2007 年的 15.81 万增加到 2011 年的 30.68万，增幅达 94.05%，占就业学生总数的比例相应提高 2 个百分点。

表5　2007—2011 年全国中等职业学校农林类专业毕业生数及就业情况

| 年份 | 2007 | 2008 | 2009 | 2010 | 2011 |
|---|---|---|---|---|---|
| 毕业生数（万人） | 17.01 | 19.78 | 20.27 | 22.21 | 32.13 |
| 占毕业生总数比例（%） | 3.98 | 4.12 | 4.11 | 4.13 | 5.91 |
| 就业学生数（万人） | 15.81 | 18.37 | 18.98 | 21.13 | 30.68 |
| 占就业学生总数比例（%） | 3.84 | 3.99 | 4.01 | 4.07 | 5.84 |

**加工制造类专业毕业生最吃香。**近 5 年来，加工制造类专业毕业生的就业人数比例基本保持在就业总人数的四分之一左右。2011 年，

加工制造类专业毕业生的就业人数所占比例和就业率都位居第一，就业人数所占比例比排行第二的信息技术类专业要高出 5.4 个百分点。

表6　2011 年全国中等职业学校按 19 个专业类别的就业分布及就业率情况

| 专业类别 | 占就业学生比例（%） | 就业率（%） |
|---|---|---|
| 加工制造类 | 25.33 | 97.80 |
| 交通运输类 | 5.24 | 97.11 |
| 旅游服务类 | 4.60 | 97.07 |
| 信息技术类 | 19.90 | 96.84 |
| 财经商贸类 | 9.74 | 96.72 |
| 医药卫生类 | 7.93 | 96.47 |
| 土木水利类 | 2.98 | 96.22 |
| 教育类 | 3.08 | 96.16 |
| 休闲保健类 | 0.44 | 95.99 |
| 能源与新能源类 | 1.29 | 95.71 |
| 农林牧渔类 | 5.84 | 95.50 |
| 资源环境类 | 1.48 | 95.29 |
| 公共管理与服务类 | 1.49 | 95.00 |
| 轻纺食品类 | 1.80 | 94.78 |
| 文化艺术类 | 2.93 | 94.72 |
| 司法服务类 | 0.44 | 94.57 |
| 石油化工类 | 1.35 | 94.39 |
| 体育与健身类 | 0.57 | 94.20 |
| 其他 | 3.58 | 96.07 |

## 3.6　75% 以上毕业生到各类企事业单位就业

**进企事业单位就业是学生主要选择。**近 5 年来，中等职业学校毕业生初次就业比例保持在 90% 左右。其中，到各种所有制企事业单位就业是毕业生的主要流向，所占比例保持在 75% 以上。值得关注的是，在直接就业的毕业生中，从事个体经营的毕业生人数和比例呈持续上升的态势。

表7　2007—2011年全国中等职业学校毕业生就业去向分布

| 年份 | 2007 | 2008 | 2009 | 2010 | 2011 |
|---|---|---|---|---|---|
| 到各种所有制企事业单位就业的毕业生（万人） | 312.86 | 365.18 | 371.93 | 405.18 | 406.17 |
| 占就业学生数比例（%） | 75.99 | 79.39 | 78.54 | 77.97 | 77.26 |
| 合法从事个体经营的毕业生（万人） | 45.35 | 47.94 | 54.28 | 66.75 | 70.24 |
| 占就业学生数比例（%） | 11.01 | 10.42 | 11.46 | 12.84 | 13.36 |
| 升入各类高一级学校的毕业生（万人） | 53.51 | 46.9 | 47.35 | 47.77 | 49.31 |
| 占就业学生数比例（%） | 13.00 | 10.19 | 10.00 | 9.19 | 9.38 |

**实例 15**

## 汽车类相关专业毕业生进入民营企业比例最大[7]

　　调查显示，根据企业的所有制性质（国有企业、民营企业、外商投资或中外合资企业等）划分，中职学校汽车类相关专业毕业生就业单位所占比例最大的是民营企业，其次是国有企业。

就业去向（按企业所有制性质划分）

■ 否(%)　□ 是(%)

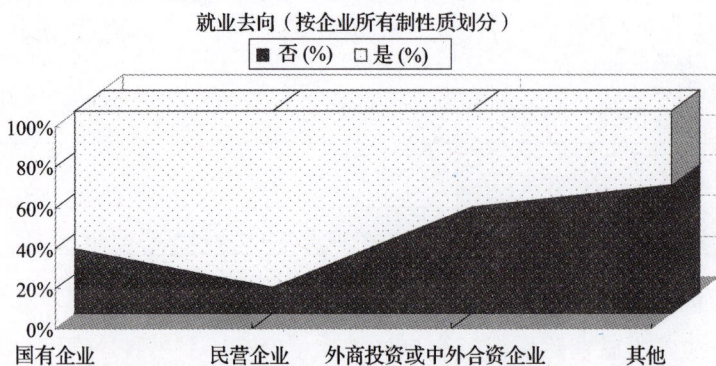

图8　中职学校学生就业去向分布图（一）

---

7　资料来源：《中国汽车科技人才发展报告》，中国汽车工程学会等主编。

按照企业的工作性质（整车生产企业、零部件生产企业、4S店、维修企业、营销企业与后市场其他企业）划分，学生毕业去向最多的是4S店与维修企业，其次是营销企业，这一结果也反映出汽车行业人才需求的状况，并与学校招生的专业方向、规模基本一致。

就业去向（按企业工作性质划分）

■否 (%)　□是 (%)

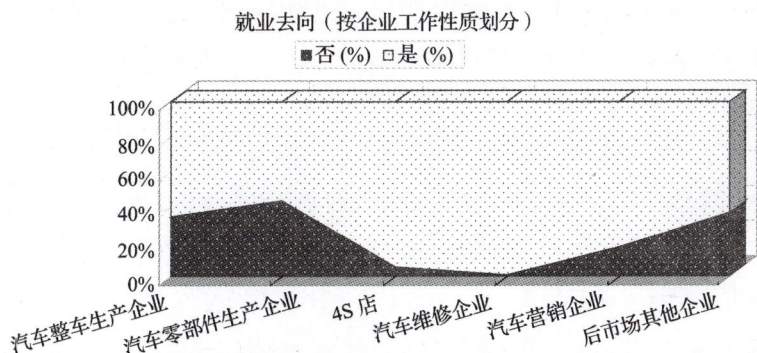

图9　中职学校学生就业去向分布图（二）

调查显示，93%的毕业生在本省找到了工作，其中大部分在本市就业，占71%；近22%的毕业生在本省的其他市县就业；有7%的毕业生在其他省市就业。这与职业教育服务于本地经济发展的特性相一致。

**自主创业学生逐年增多。**鼓励和支持自主创业、自谋职业的国家政策为中职毕业生就业提供了更加广阔的空间。近5年对全国中职学校毕业生就业去向的统计显示，在直接就业的毕业生中，从事个体经营的毕业生人数和比例逐年上升，人数由45.35万增加到70.24万，增幅达54.88%，2011年达到了毕业生总数的13.36%。中职毕业生不仅"就业有优势"，而且"创业有本领"，自主创业创新典型案例比比皆是。

**实例 16**

## 政府、学校、社会合力扶持中职生开启创业人生

近年来，一些地方和职业学校通过建立创业社团、工作室、创业一条街、创业孵化园等创业教育实践载体，向学生提供低成本的研发、生产、经营用地，通信、网络办公等共享设施，以及政策、融资、法律和市场推广等方面的援助，形成创业孵化功能，使一批批中职毕业生开启了自己的创业人生。如浙江省在"十二五"期间，将支持建设 50 个左右中职学生创业教育基地，实施中职创新创业教育和项目开发、项目咨询、模拟实践、实体运行，融理论教学与创新创业实践于一体。从 2010 年 9 月起，宁波市教育局在 13 所市首批创新创业试点学校开展 NFTE 创业课程试点工作，第二年在其他中职学校全面铺开，并建立了"中职创新创业教学研究会"。生动的课堂教学和实践活动在学生心中埋下了创业的种子。

**实例 17**

## "钻石小鸟"羽翼渐丰

徐磊，上海铂利德钻石有限公司（钻石小鸟）CEO。1997 年毕业于上海信息技术学校珠宝鉴定专业。他和妹妹徐潇自主创业，将一家易趣网上的小网店发展成了钻石电子商务行业的领跑者。"钻石小鸟"2002 年在上海起飞后，兄妹俩从经营易趣网店开始得到人生"第一桶金"，又脱离易趣，建立钻石小鸟官网，再到"鼠标"加"水泥"，先后在上海、北京、杭州、广州等一线城市创建国内最早的钻石体验店，直到开设 4C 概念旗舰店，一个个华丽转身让"钻石小鸟"迈入品牌飞跃、品质升级、服务提升的新时代。2007 年 6 月，"钻石小鸟"获得今日资本 500 万美元的首轮投资，也成为中国首个获得风险投资的网络珠宝品牌。如今，初形成的"钻石小鸟"年销售额已近 2 亿元。

16% 的毕业生升入高一级学校。据统计，2011 年，全国十个城市 146 所中等职业学校升入高一级学校的学生数为 1.8 万人，占毕业学生比例的 16.34%。

表8　2011 年全国十个城市中等职业学校毕业生去向

| 十个城市毕业生分布 | 直接就业 | | 升入高一级学校 | | 待就业 | |
|---|---|---|---|---|---|---|
| | 人数（人） | 比例（%） | 人数（人） | 比例（%） | 人数（人） | 比例（%） |
| | 89 754 | 81.97 | 17 892 | 16.34 | 1 850 | 1.69 |

在这十个城市中，宁波、青岛、张家口三个城市的升学比例不低于 20%，其中宁波市毕业生升入高一级学校比例达到了 35.38%。

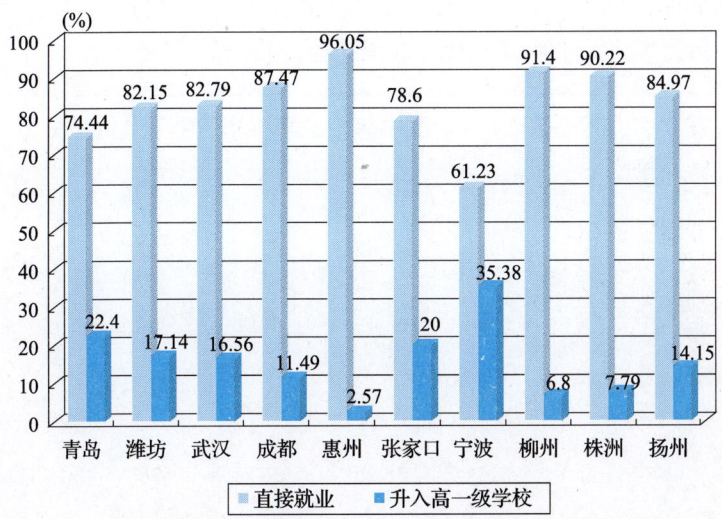

图10　2011 年全国十个城市中等职业学校毕业生就业去向分布图

实例 18

### 各地建立中职毕业生升学"立交桥"

江苏省改革完善普通高校对口单独招生制度，突出技能考试，扩大本科比例，将往届毕业生纳入招生范围，中职毕业生和普通高中毕业生一样可多次参加高考，允许在苏工作的外省户籍中职毕业生参加本省升学考试。探索中职毕业生注册入学，2011 年在民办高职院校和少数公办高职院校正式启动试点工作。2011 年，广东省全面启动"三二分段"中高职一体化人才培养模式改革试点，有 27 所高职和 100 所中职的 10 个专业大类参与试点，招生近 3 万人。

## 3.7　六成以上毕业生留在本省就业

近 5 年，在学校所在省（区、市）就业的毕业生人数占毕业生总数的比例提高了 5 个百分点，充分体现了职业教育尤其是中等职业教育为地方经济建设和社会发展服务的特点。

表9　2007—2011 年全国中等职业学校毕业生就业地域分布

| 年份 | 2007 | 2008 | 2009 | 2010 | 2011 |
|---|---|---|---|---|---|
| 在本省就业的毕业生数（万人） | 259.66 | 281.48 | 293.45 | 340.54 | 358.34 |
| 占就业学生数比例（％） | 63.06 | 61.19 | 61.96 | 65.53 | 68.16 |
| 到异地就业的毕业生数（万人） | 148.93 | 176.00 | 173.83 | 177.76 | 165.92 |
| 占就业学生数比例（％） | 36.17 | 38.26 | 36.71 | 34.2 | 31.56 |
| 到境外就业的毕业生数（万人） | 3.15 | 2.55 | 6.28 | 1.4 | 1.47 |
| 占就业学生数比例（％） | 0.77 | 0.55 | 1.33 | 0.27 | 0.28 |

---

**实例 19**

### 成都市近 5 年中职毕业生就业状况

　　成都市对 2007 年至 2011 年连续 5 届毕业生就业状况进行了分析，呈现以下特点：一是在成都本地就业的毕业生逐年上升，从 2007 年的 49.86% 上升到 2011 年的 75.09%，大部分中职学生都能在成都市找到合适的工作。二是毕业生比较容易找到专业对口的工作，2011 年就业的总体专业对口率达 83.96%，加工制造类、信息技术类、土木水利工程类情况最好，其中土木水利工程类专业对口就业比例高达 89.15%。三是有相当比例的毕业生进入规模以上企业（指年销售额超过 500 万元的企业）工作，除 2008 年以外，其余年份均高于 60%。四是毕业生就业去向与成都市的产业分布越来越匹配，2011 年进入三次产业就业比例依次为一产 1.7%、二产 50.25%、三产 48.05%。进入成都市六大重点产业的毕业生比例逐年增多，到 2011 年已达到毕业生总数的四成。五是大多数中职毕业生与用人单位建立了较为稳固的工作关系，2011 年有 88.43% 的毕业生与用人单位签订了一年以上就业合同，有 85.48% 的毕业生享有社会保险和公积金待遇。

## 3.8 八成毕业生在学校推荐下成功就业

　　近年来，在国家政策的引导下，各地相关部门、行业企业和中职学校非常重视学生的就业工作，并通过积极开展校企合作、集团化等多种办学途径，提高了中等职业学校学生的就业率和就业质量。统计表明，从中等职业学校就业渠道情况看，通过学校推荐就业的学生约占八成。

表10  2007—2011年中等职业学校毕业生就业渠道分布

| 年份 | 2007 | 2008 | 2009 | 2010 | 2011 |
|---|---|---|---|---|---|
| 通过学校推荐就业的学生比例（%） | 79.16 | 78.33 | 76.49 | 79.26 | 79.73 |
| 通过中介介绍等其他途径就业的学生比例（%） | 20.84 | 21.67 | 23.51 | 20.74 | 20.27 |

**专栏9  中职生就业渠道广阔**

**之一：校企携手建造就业"直通车"**

中等职业学校通过与企业多种形式的合作，实现专业设置与职业岗位、教学内容与生产要求的深度对接，在学校与企业间搭建直接就业的通道。据2010年的调查[8]，全国95%以上的学校都与企业开展"订单培养"、"企业冠名班培养"等形式的合作，接受这种培养形式的学生约占在校生总量的26%，他们入学即就业、毕业即上岗、上岗即顶用，因而受到用人企业的青睐。

**之二：集团化办学铺就就业"多向道"**

职业教育集团是职业教育重要办学形式，集团化办学以专业为纽带，聚合多家企业与职业学校共同育人的特点，为职校生就业提供了更多的就业选择机会。"十一五"期间，全国建立起500多个职业教育集团，覆盖100多个行业部门，开展"订单培养"人数达200多万人。

**之三：技能大赛成为迈向未来的"绿色通道"**

从2002年开始，国家逐步建立了综合性的全国职业院校技能大赛制度。通过"校校有比赛、层层有选拔、全国有大赛"的机制，每年有数百万中职学校学生向社会展现学习成果和技能风采，许多企业和高校得以广揽英才。2008年以来，每年全国大赛的优胜者几乎都被用人单位和相关高校"争抢一空"。

---

[8] 《职业技术教育》2010年24期。

之四：就业指导提供"贴身贴心"援助

全国绝大多数地区都已建立了省、市（县）、校三级职业学校人才就业服务体系和机制，及时发布人才供求信息，为学生就业答疑解惑，组织开展毕业生和用人单位双向选择活动。各级教育行政部门和各职业学校都设有专门机构负责职业指导和就业服务工作，全国中职学校在职业指导和就业机构工作的专职教师达 6 万人左右。

之五：专门化市场让更多的职校生受益

根据职业教育"地方为主"的管理要求，一些地方在政府主导下，建立了面向本地区职业学校的专门化就业市场，统一为当地的职业学校学生提供就业服务。与学校自发组织的"校园就业集会"和社会上的"就业大集"相比，这种专门化的市场具有专业针对性强、管理规范、运行稳定、信息权威、服务周到、集约程度高等特点，因而受职业学校、学生、家长以及用人单位的欢迎。

之六：公共就业服务体系面向职校生提供服务

经过持续建设，我国覆盖城乡的公共就业和人才服务体系逐步健全，城市 95% 以上的社区都设立了基层就业服务平台，各地广泛开展就业服务活动。许多地方的人力资源市场专门设立职业学校毕业生服务窗口，为毕业生办理失业登记手续，提供就业政策咨询、职业指导、职业介绍和就业培训等服务，一些地方常年开展"职业学校毕业生就业服务活动月"活动，以及"技能人才岗位对接"等活动。

## 实例20

### 新疆哈密职业技术学校开展订单培养

近年来，新疆哈密职业技术学校坚持实行"学校推荐、自主择业、订单培养"的就业服务政策，深入区域内各用工企业捕捉用工信息，形成了较为广泛的就业信息网络，逐步构建了"企业下单、学校接单、政府买单、学生选单"的四级联动订单人才体系。目前，学校已同27家疆内外用工企业签订用工协议，协议用工人数3 400余人。近三年"订单培养"学生占学生总数的75%以上，取得"双证"率达97.6%；毕业生当年就业率均高于95%，就业对口率平均达到87%，就业稳定率平均达到82.5%，用人单位对毕业生满意率在90%以上。

# 4 社会贡献

## 4.1 优化了人力资源结构

改革开放以来，在中国经济发展进程中，三次产业劳动力文化程度低下与产业结构升级调整严重不相适应，一直是制约发展速度提升的阻力。中职毕业生群体规模的不断扩大，从根本上打破了这一阻力，为中国经济的腾飞、为中国制造提供强有力的支撑。

当前，中职毕业生已成为我国技能劳动大军的主要来源。近5年来，年均600多万的中职毕业生进入生产劳动服务一线，成为三次产业的劳动大军，大大改变了原来产业工人文化程度不高以及技能不足的状况。中职生的知识技能与产业结构升级的要求更加契合，为中国实现经济发展方式转型奠定了重要的人力资源基础。2000年全国主要劳动年龄人口平均受教育年限为7.9年，2010年增至9.72年，中职教育为此贡献巨大。

中职毕业生进入产业大军不仅增加了城镇技能劳动者的总量，还在一定程度上改变了技能劳动者的结构组成，中高级技能劳动者比重明显上升，有效改善了各行业从业人员的职业素质和技能结构，缓解了"技能短缺"的困境。

中职毕业生是推进经济发展由"人口数量红利"向"人口结构红利"转变的重要力量，是中国上升为世界第二大经济体的坚强基石。

**实例 21**

## 上海技能劳动者等级结构的变化

2002年末，上海的技能劳动者初（初级工）、中（中级工）、高（高级工及以上）等级的结构比例为 57：37：6，呈金字塔型，高技能人才比重明显偏低，中级技能劳动者比重也不高。上海市通过大力发展职业教育，到2008年末，结构比例变成了 39：40：21，形成了比较合理的橄榄型结构。为高技术产业的发展和用高新技术改造传统产业提供了良好的人力资源基础。

**实例 22**

## 技能型人才是石化企业的中流砥柱

根据中国化工教育协会2011年对200家石化企业人力资源情况调查结果：有效调查表涉及职工总数25.5万人，生产人员约占70%。新增职工中，生产人员比例最高，达到76%。

表11　石化企业职工结构统计和一年来新增员工情况

| 被调查企业职工人数 | 企业职工结构 | | | | 一年来新增职工数 | 一年来新增职业结构 | | | |
|---|---|---|---|---|---|---|---|---|---|
| | 研发人员 | 营销人员 | 管理人员 | 生产人员 | | 研发人员 | 营销人员 | 管理人员 | 生产人员 |
| 254 907 | 10 600 | 11 601 | 34 940 | 176 106 | 18 306 | 1 273 | 1 009 | 2 050 | 13 974 |
| 合计　比例（%） | 4.16 | 4.55 | 13.71 | 69.09 | 比例（%） | 6.95 | 5.51 | 11.20 | 76.34 |

2010年调查结果与2005年的同类调查相比，石化企业对职业院校毕业生的需求比例明显提高，从2005年的本科、高职、中职各占三分之一到目前职业教育占到四分之三。企业对职业教育毕业生的需求上升幅度更大。

表12　2005年与2010年石化企业录用员工学历情况对比

| 企业调查 | 本科及以上 | 高职高专 | 中职 |
| --- | --- | --- | --- |
| 2010 年调查结果 | 23.14% | 38.42% | 38.44% |
| 2005 年调查结果 | 33.90% | 30.80% | 35.30% |

**实例 23**

## 柳州加大汽车、机械相关专业职业教育规模，支持支柱产业发展

　　柳州是我国西南工业重镇，支柱产业以汽车和机械为主，柳州坚持将发展职业教育作为现代产业体系的基础工程抓好抓实，汽车相关专业已经成为柳州职业教育的第一品牌和汽车产业发展的重要支撑，全市职业学校汽车、机械相关专业在校生占到全部在校生的70%以上。2008-2010年，柳州新增的10万产业工人中，有近7万人来自职业学校。预计到2015年，全市产业工人将需要42万人，截至2011年只有32万，尚有10万的缺口，这个缺口也将主要由职业学校培养的技能型人才来填补。

## 4.2　奠定了"中国制造"基石

　　中国有着相对完备的二产体系，这在一定程度上得益于与其几近"行行对应"的中职学校提供的人才保障。以二产中的"大头"——制造业为例，中职学校通过培养数以百万计的技能型人才为制造业的发展提供了有力支撑。2006—2010年，我国制造业增加值由 71 212.9 亿元增加至 110 118.5 亿元，四年内增加了 54.6%[9]。而据2007—2011年中职毕业生就业去向统计，共有 600 多万的中职毕业生就业于制造业。中职毕业生在数量比例上是二产主要的人力资源。

---

9　数据来源：中华人民共和国国家统计局.中国统计年鉴（2011）[M].中国统计出版社，2011.

专栏 10　中等职业教育为支撑国计民生的
　　　　重要行业提供了有生力量

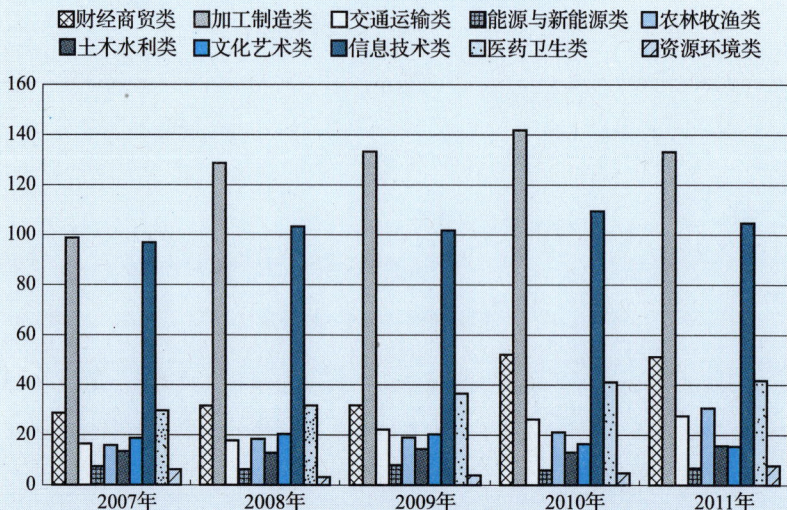

☒财经商贸类　▨加工制造类　☐交通运输类　▥能源与新能源类　▦农林牧渔类
■土木水利类　▨文化艺术类　▨信息技术类　▨医药卫生类　▨资源环境类

图 11　2007—2011 年全国中等职业学校毕业生十大类
专业学生就业分布（万人）

表 13　2007—2011 年全国中等职业学校毕业生十大类专业
学生就业数量（万人）

| 专业类别 | 2007 年 | 2008 年 | 2009 年 | 2010 年 | 2011 年 |
|---|---|---|---|---|---|
| 财经商贸类 | 28.70 | 31.62 | 31.79 | 52.19 | 51.18 |
| 加工制造类 | 98.75 | 128.64 | 133.25 | 141.79 | 133.15 |
| 交通运输类 | 16.47 | 17.74 | 22.14 | 26.20 | 27.55 |
| 能源与新能源类 | 7.34 | 6.24 | 7.98 | 5.95 | 6.77 |
| 农林牧渔类 | 15.81 | 18.37 | 18.98 | 21.13 | 30.68 |
| 土木水利类 | 13.44 | 12.79 | 14.39 | 13.07 | 15.65 |
| 文化艺术类 | 18.69 | 20.29 | 20.25 | 16.45 | 15.42 |
| 信息技术类 | 96.81 | 103.20 | 101.69 | 109.58 | 104.63 |
| 医药卫生类 | 29.68 | 31.70 | 36.54 | 41.07 | 41.69 |
| 资源环境类 | 6.18 | 3.17 | 3.97 | 4.80 | 7.76 |

资料来源：根据教育部《全国中等职业学校毕业生就业情况》2007-2011 年
数据制作

**专栏 11** 中职教育规模显著影响二、三产业
转移就业能力和产值贡献能力

中职教育相对发展规模对二、三产业转移就业能力以及二、三产业产值贡献能力均有显著影响。中职招生数占比每上升 1%，第二、三产业吸纳就业比重则分别提高 0.504% 和 0.458%，第二、三产业产值比重则分别提高 0.241% 和 0.461%[10]，如下表所示。

表 14　1996—2009 年中职教育、产业结构各变量样本数据

| 年份 | 中职教育经费占比 | 中职招生数占比 | 第二产业就业人员占比 | 第三产业就业人员占比 | 第二产值占比 | 第三产值占比 |
|---|---|---|---|---|---|---|
| 1996 | 0.122 25 | 0.137 54 | 0.235 | 0.260 | 0.475 37 | 0.329 54 |
| 1997 | 0.116 85 | 0.143 49 | 0.237 | 0.264 | 0.475 39 | 0.343 98 |
| 1998 | 0.120 38 | 0.136 61 | 0.235 | 0.267 | 0.462 12 | 0.364 68 |
| 1999 | 0.114 74 | 0.114 47 | 0.230 | 0.269 | 0.457 57 | 0.380 20 |
| 2000 | 0.103 57 | 0.094 86 | 0.225 | 0.275 | 0.459 17 | 0.392 51 |
| 2001 | 0.088 17 | 0.090 70 | 0.223 | 0.277 | 0.451 00 | 0.404 56 |
| 2002 | 0.077 94 | 0.102 77 | 0.214 | 0.286 | 0.447 90 | 0.414 67 |
| 2003 | 0.074 03 | 0.108 68 | 0.216 | 0.293 | 0.459 69 | 0.412 34 |
| 2004 | 0.070 02 | 0.136 69 | 0.225 | 0.306 | 0.462 25 | 0.403 82 |
| 2005 | 0.064 99 | 0.153 42 | 0.238 | 0.314 | 0.473 66 | 0.405 11 |
| 2006 | 0.065 94 | 0.170 63 | 0.252 | 0.322 | 0.479 48 | 0.409 38 |
| 2007 | 0.071 61 | 0.184 65 | 0.268 | 0.324 | 0.473 39 | 0.418 91 |
| 2008 | 0.070 51 | 0.184 28 | 0.272 | 0.332 | 0.474 46 | 0.418 22 |
| 2009 | 0.070 76 | 0.195 61 | 0.278 | 0.341 | 0.462 95 | 0.433 60 |

**实例 24**

### 中职毕业生是钢铁与机械行业的主力军

"十一五"末，全国 51 家钢铁企业的技能劳动者总数为 77.79 万人。其中，本科以上 3.33 万人，占总数比例 4.3%；专科 14.06 万人，占总数

---

10　王伟 . 中职教育对我国产业结构调整影响的实证分析 [J]. 职业技术教育,2012（1）

18.1%；技校、中专及高中 38.28 万人，占总数 49.2%；初中以下 22.12 万人，占总数 28.4%。"十一五"期间，机械行业每年新增 100 万从业人员，其中 50% 是生产一线操作人员，而中等职业学校毕业生在新增从业人员中占比近 50%。

## 4.3 支撑了第三产业发展

2007 至 2011 年，第三产业增加值增长了 106 932 亿元 [11]，而这五年间，超过 50% 的中职毕业生在第三产业就业，总人数高达 1 147.7 万人，成为第三产业重要的人力资源来源。大量中职毕业生活跃在酒店、餐饮、旅游、物流等生活服务业。在《国民经济和社会发展第十二个五年规划纲要》中对服务业增加值比重要求加码的情况下，更多依靠中职毕业生助推产业结构转型，无疑是大势所趋。

### 实例 25

#### 中职毕业生为十年蓬勃发展的物流业注入新鲜血液

在物流行业，中职学校毕业生就业状况与岗位需要呈现"供需两旺"的态势：从 47 所开设物流相关专业的中职学校的数据来看，绝大多数学校的毕业生就业率在 90% 以上；"十二五"期间，中国物流行业每年需要新增就业人员约 130 万人，其中 85% 是一线操作技能岗位，这些岗位中的大多数人才来源于中职毕业生。

### 实例 26

#### 中职毕业生是汽车销售维修行业的主要力量

中国汽车工程学会汽车应用与服务分会对全国汽车整车品牌特约

---

[11] 数据来源：2011 年国民经济和社会发展统计公报，http://www.gov.cn/gzdt/2012-02/22/content_2073982.htm；

2007 年国民经济和社会发展统计公报，http://www.gov.cn/test/2009-02/26/content_1243894.htm.

销售维修企业，以及一、二类汽车综合维修企业的科技人才状况及发展需求调查表明：品牌特约企业 2010 年末科技人才中，高职学历者占 36.83%，中职占 31.45%，本科占 25.37%，硕士占 6.14%，博士占 0.21%；综合维修企业 2010 年末科技人才中，中职学历者占 52.82%，高职占 38.15%，本科占 8.66%，硕士和博士分别占 0.27% 和 0.10%。

## 4.4　造就了发展现代农业的生力军

2007 年，我国第一产业增加值为 28 910 亿元，到 2011 年提高到 47 712 亿元 [12]，而这 5 年来，从事第一产业的中职毕业生由 2007 年的 29.9 万人增加到 2011 年的 41.5 万人，增幅 38.8%，总计约有 169 万的中职毕业生进入第一产业。这些中职毕业生，无论是在乡镇农机所、种子站还是自主经营，都为推进农业科技进步和提高土地产出率作出了直接贡献：一大批先进农业实用技术已推广普及到农村千家万户，农业生产技术含量不断增加，农业生产水平、产品质量、经济效益显著提高。

### 实例 27

### 河北："送教下乡"培养新型农民

2009 年以来，河北省大力开展"送教下乡"、深入实施"新农村建设双带头人培养工程"，培养适应现代农业发展需要的"有文化、懂技术、会经营"的新型农民，为新农村建设培养了一大批实用技术人才。目前，该项工程已让全省近 30 万在乡从业农民重返课堂，在全省 150 多所试点学校、1 500 多个教学点接受系统的中等职业教育，把教学实践与农民生产生活实际紧密结合起来，边学习边实训，发展生产，助农业增产，帮农民增收，促农村繁荣，深受农民欢迎，被誉为"启民智、授民技、帮民富、化民风"的惠民工程。

---

[12]　数据来源：2011 年国民经济和社会发展统计公报，http://www.gov.cn/gzdt/2012-02/22/content_2073982.htm；

2007 年国民经济和社会发展统计公报，http://www.gov.cn/test/2009-02/26/content_1243894.htm.

## 4.5 促进了农村劳动力带技能转移

中职学校在推进城镇化进程中发挥积极作用，培养农村新生劳动力，并面向农村剩余劳动力开展职业教育与培训，服务农村劳动力转移就业，帮助其获得技能提高素质，实现合理有序转移，在城镇获得稳定的工作，能够有效融入城市生活，从"农民"变成"市民"。"十一五"期间，2 500多万农村新生劳动力在接受了职业教育后进入城镇工作，实现了带技能转移就业；各级各类职业教育开展农村劳动力转移培训1.85亿人次，年均培训进城农民工2 000万人[13]。

**实例 28**

### 吉林工贸学校"校企镇"合作办学转移农村劳动力

2010年，吉林工贸学校与当地大型中药企业，以及企业中草药栽培基地所在的镇政府三方合作，采用"双订单、三协议"方式办学。"双订单"是学校与企业签订人才培养订单，企业与学生签订就业与生产订单，学生毕业后可进入企业成为正式员工，也可以作为企业中药材种植项目合同户从事专业生产经营活动；"三协议"是学校与企业、企业与镇政府、学校与镇政府分别签订办学协议，校企共同制定人才培养方案，学校组织教学实施并颁发学历证书，企业提供专业课师资和教材，镇政府负责面向当地农村组织招生。两年多来，共向中药产业转移农村新生劳动力1 000多人，同时有力推进了当地特色经济的发展和产业结构的调整。

**实例 29**

### 湖北：发挥职业教育优势　实现农民就近转移就业

湖北省在产业结构调整和城镇化建设进程中，一方面主动承接沿海地区的产业转移，另一方面，结合本地实际，积极发展地方工业，吸纳农村剩余劳动力。在2008年金融危机后，注重吸纳在沿海就业的高技能

---

[13] 数据来源：教育部职业技术教育中心研究所《中国特色职业教育发展之路——中国职业教育发展报告 2002—2012》。

人才，注重发挥返乡农民的资源优势，加强就地培养培训，实现就地转移安置。2010 年，全省农村中等职业学校毕业生 33.6 万人，就业 32.5 万人，就业率高达 96.7%。接受职业教育与培训的返乡农民，就业后收入在 1 200 ~ 1 500 元，他们骑着摩托车上下班，虽然收入比发达地区少了一些，但由于和家人在一起，幸福感增强了。

## 4.6　输送了地方"留得住、用得上"的人才

近年来，国家实施区域发展总体战略，深入推进西部大开发，全面振兴东北地区等老工业基地，大力促进中部地区崛起，积极支持东部地区率先发展。促进大中小城市和小城镇协调发展。中等职业学校紧贴本地区经济社会发展需求，为当地现代化建设培养了"留得住、用得上"的技能型人才，是支撑区域建设的重要人才基地。全国 2 000 多个县（市）平均都至少建有 1 所农科教结合、"三教"（职业教育、普通教育、成人教育）统筹的县级职教中心（职业学校），培养了大批服务区域经济发展的技能型人才，是推动县域经济发展的重要力量。

**实例 30**

### 永川：城校互动　推进区域发展

永川职教发展与城市建设融为一体的"城校互动、资源共享"职业教育发展模式，找到了职业教育服务区域经济社会发展的支点，成为区（县）级政府大力发展职业教育的典范。永川职教基地中的职业院校每年为社会培养 3 万多名技能型人才，毕业生就业率近几年持续保持在 97% 以上，部分专业毕业生就业率达 100%，每年面向社会开展职业培训 2 万多人次。2010 年，永川职业教育直接拉动地区生产总值从 5 亿元增加到 5.8 亿元、永川社会消费品零售额从 4.3 亿元增加到 5.5 亿元。职业教育的发展不断为企业提供人才支撑，特别是"永川技工"品牌的显现，吸引了一大批企业落户永川，促进了中山、大安、港桥三个工业园的形成，带动商贸、建筑、交通、旅游、信息等重点产业的发展，实现了职业教育与经济建设相互促进、职业教育与城市建设协调发展新格局。据测算，每增长 1 万人的职业教育学生人数，将引起地区的第三产业就业岗位平均增长 1 846.34 人，城镇化率平均增长 0.46 个百分点。

**实例 31**

### 武汉市仪表电子学校：服务光谷，助力中部崛起

武汉东湖国家新技术开发区是我国第一家国家级的光电子产业基地所在地，被人们形象地称为"中国光谷"，坐落在开发区腹地的武汉市仪表电子学校瞄准"光谷"培养人才，85%的毕业生在光谷就业，每年为开发区的光电子信息产业培养近 3 000 名技能型人才，深受用人单位欢迎。学校还与多家光谷企业达成订单培养协议，成为享誉荆楚的"光谷中专"。

**实例 32**

### 益西曲珍：我要做一朵雪域高原的小花

益西曲珍来自西藏拉萨市墨竹工卡县嘎则村一个藏族农牧民家庭，从小就失去了母亲。在政府帮助下，她从西藏来到南京金陵中等专业学校学习影视制作。在学校精心培养下，她成为"采、编、播"一体的复合型新闻人才。2012 年，她在江苏卫视《脱颖而出》节目的女主持人招募中成功晋级 10 强。她拍摄的第一部影视作品叫做《感恩》，抒发了自己对政府和学校的感激之情。面对多个单位向她伸出的橄榄枝，她选择回到西藏墨竹工卡县电视台工作。她说："我要做一朵美丽的小花，用自己的能力装点雪域高原！"

## 4.7 提高了全社会整体就业水平

就业是民生之本，《国民经济和社会发展第十二个五年规划纲要》提出了城镇新增就业人数达到 4 500 万的预期性指标。但我国近些年的就业状况与城镇化和工业化速度相比难尽人意，这种情况下，中职生的就业状况仍然呈现出良好势头；在我国每年新增的约 2 000 万个就业岗位中，有数百万个岗位被中职毕业生得到。超过 95% 的就业率使中职生成为适龄青年中就业率最高的人群，他们显著提高

了全社会的就业水平。

85% 的学生在获得"高中文凭"的同时，也拿到了职业资格证书。2006 至 2010 年，全国获得职业资格证书人数为 4 290.2 万人，其中中职生为 1 410.7 万人，约占 1/3。他们的成才与就业，不仅解决了自己的生计问题，也使他们的家人少了担忧、多了依靠。

---

**实例 33**

### 四川藏区"9+3"免费中职教育首届毕业生顺利就业

2012 年，四川省藏区"9+3"免费中职教育迎来首届毕业生。截至 7 月 20 日，8 413 名毕业生已有 7 321 人就业，584 人参军，362 人升学，初次就业率达 98.3%。其中，近 2 000 名毕业生回到藏区，充实到基层公务员和事业单位队伍，对夯实藏区经济社会发展基础意义重大。四川省委、省政府制定优惠政策，要求国营大中型企业和新批建项目拿出岗位，鼓励有条件的民营企业履行社会责任，对录用"9+3"学生的企业给予税收、担保贷款、保险补贴等优惠。对自主创业的"9+3"学生，减免工商行政管理等行政事业性收费，提供小额担保贷款，对创业成功后吸纳就业的还给予最高达 10 万元的奖励。结合构建中高职贯通立交桥试点，实施帮助"9+3"毕业生继续升学的高职院校单独招生政策。结合培养藏区基层干部的需要，选征优秀学生训练入伍。还专门出台藏区基层公务员和事业单位人员招录"9+3"毕业生政策。

---

## 4.8 缩小了人群间和区域间的收入差别

中职学生 82% 来自农村，约 70% 来自中西部地区，有一半学生的家庭收入低于 3 000 元。中等职业学校已经成为农村和中西部地区多数家庭子女接受高中阶段教育的主要载体。这种家庭背景结构和超过 95% 的高就业率，使得两类相对弱势的人群通过中职教育实现了技能改变命运：一类是城市低收入家庭子女，一类是农民工家庭子女。同时，东部一大批中职学校与西部中职学校实行联合招生、合作办学，向西部学生敞开大门，招生规模不断扩大，2008—2012年累计招生近150万人，为西部地区学生在东部实现就业铺就了道路。通过接受职业教育，大多数来自农村和西部的中职生毕业后带着技能走向城镇，实现了转移就业，一半以上中职毕业生的月收入高于1 500元，可以自食其力，这对在总体上避免贫困固化和代际传递，促进社会阶层的合理流动，缩小中国的人群收入差距和区域收入差距，推动社会公平意义重大。

**专栏12  东西部地区10年坚持开展联合招生、合作办学**

2003年，国家启动东西部联合招生、合作办学。2011年，全国有20多个省（自治区、直辖市）和计划单列市建立了职业教育对口合作关系，近3 000所中等和高等职业学校开展了办学合作，东西部、城乡联合招生30多万人。2010至2011年，国家相继启动国家重点中职学校举办内地西藏班、新疆班工作，天津等19个东中部地区省（市）面向这两个地区共招生6 300多人，支持民族地区人才培养，促进民族团结融合。

**实例34**

### 各地通过中等职业教育援助弱势人群

上海对农村、海岛家庭、城市低保家庭以及农民工家庭学生就读中职学校均执行免费政策，目前享受这样政策的学生已多达数万人。中职学校还打破了学籍限制，招收外来务工人员子女就学，成为外来务工人员子女在上海就地接受高中阶段教育的主要渠道。

抚顺市组织中职学校开展困难家庭子女免费技能培训和就业安置工作，授人以渔，从根本上避免困难家庭贫困的代际转移。自2005年至2011年底，共培训学员2 929名，招生专业15个，实现就业2 266人，另有100余名学生升入高职院校。目前，就业的学员大部分成长为企业的骨干力量，月工资收入在1 500～3 000元之间。

# 5 政策举措

## 5.1 形成德育制度框架

**健全制度规范。** 2009 年，教育部、中共中央宣传部等六部门联合召开了第一次全国中等职业学校德育工作会议，颁布了《关于加强和改进中等职业学校学生思想道德教育的意见》，对中职德育工作进行了专门部署，实现了从参照普通学校做德育工作到专门部署抓中职学校德育工作的重要转变。目前，中职德育初步形成了覆盖文化建设、队伍建设、群团工作等方面的德育制度框架和基本规范。

**专栏 13　中职德育工作主要制度规范**

| 文件名称 | 发文机构 | 发文时间 |
|---|---|---|
| 《中等职业学校德育大纲》 | 教育部 | 2004 年 |
| 《关于加强和改进中等职业学校学生思想道德教育的意见》 | 教育部等六部门 | 2009 年 |
| 《关于加强中等职业学校共青团工作的意见》 | 共青团中央、教育部 | 2009 年 |
| 《关于加强中等职业学校班主任工作的意见》 | 教育部、人力资源和社会保障部 | 2010 年 |
| 《关于加强中等职业学校校园文化建设的意见》 | 教育部、人力资源和社会保障部 | 2010 年 |
| 《关于加强中等职业学校形势与政策教育的意见》 | 中共中央宣传部、教育部 | 2011 年 |

**专栏 14　中职德育工作体系**

| 名称 | 内容 |
|------|------|
| 三大途径 | 课内、课外和管理服务 |
| 四大保障 | 体制机制、队伍建设、条件考评、齐抓共管 |
| 六项重点 | 以爱国主义和改革创新教育为重点，进行民族精神和时代精神教育；以马克思主义基本观点、中国特色社会主义理论体系为重点，进行理想信念教育；以职业道德教育为重点，进行道德和法制教育；以就业创业教育为重点，进行热爱劳动、崇尚实践、奉献社会的教育；以培养良好的心理品质为重点，进行心理健康教育；以珍爱生命、健全人格教育为重点，进行安全、预防艾滋病、杜绝毒品、环境、廉洁等方面的专题教育 |
| 十一项工作 | 发挥德育课主渠道、各类课程教学、实训实习的作用；大力开展校园文化建设、社会实践活动、职业指导、思想教育工作和心理健康教育、校园网络思想道德教育；加强学校制度建设、班主任工作、共青团学生会和学生社团工作 |

**完善工作体系。**近年来，中职德育工作根据职业教育特点和学生实际，不断丰富内容，创新形式，拓展途径，坚持课程育人、实践育人、活动育人、管理服务育人，建立了中职德育"三大途径、四大保障、六项重点、十一项工作"的工作体系。

**完善核心课程。**2008年底，教育部继2001年、2004年之后，启动了第三轮中职学校德育课改革，开设了"职业生涯规划""职业道德与法律""经济政治与社会""哲学与人生"必修课程和"心理健康"等选修课程，德育课程的吸引力和感染力明显提升。文化课、体育与健康课、艺术课等其他公共基础课教学和专业理论课教学渗透德育内容，与思想道德教育课程互为补充，取得了相得益彰的育人效果。

**突出职教特色。**精心打造全国中等职业学校"文明风采"竞赛等品牌德育实践活动，该活动受到广大中职学生的广泛响应和喜爱。2012年，教育部召开了全国职业院校德育创新暨校园文化建设工作座谈会，并通过图片、视频和文本等形式展示了全国职业院校校园文化建设成果。

**专栏 15 "文明风采"竞赛活动**

　　2012年，参加第九届全国中等职业学校"文明风采"竞赛活动的省（区、市）达到了31个，参赛人数再创新高，全国超过55万名学生参加了初赛。2328所中等职业学校、11.2万名中职学生、8.4万份作品进入全国决赛，分别比去年增加17.6%、111.5%和63.9%，参赛人数是2004年首届竞赛的17倍。活动展示了中职学生的精神风貌、职业素养和人文素养。

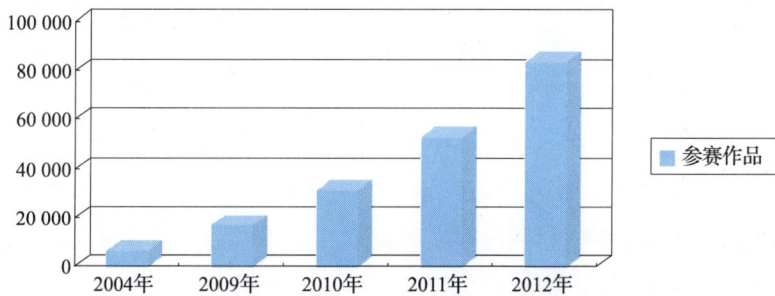

图12　"文明风采"竞赛成为中职德育的重要平台

*数据来源：第九届全国中等职业学校"文明风采"竞赛活动组委会*

**实例 35**

### 广东：不断完善特色鲜明的中职德育体系

　　广东省把德育作为职业教育工作的重中之重。主要做法是：一是创新体制机制，建立起大中小学德育有效衔接、普通教育与职业教育良性互动的德育工作管理体制，成立省中职学校德育研究与指导中心，有固定的机构、专职人员和专项经费。出台《关于进一步加强和改进中职学校、技工学校德育工作的实施意见》及配套文件。二是深化培养培训，从2008年起用三年时间对全省中职学校德育校长（书记）、学生科长、团委书记进行轮训；实施名班主任培养工程，建立名班主任工作室；对全省德育课教师实施全员培训。三是强化实践育人，鼓励学校探索"德教育品牌活动。四是注重课题研究，制定实施《中职学校德育科研课题管理细则》，每两年举办一届德育创新成果评奖。五是实施绩效评估，从2012年起用三年时间对全省所有中职学校进行一轮德育评估。

## 5.2 完善就业指导体系

**首设职业指导课程。** 教育部从启动第二轮德育课程改革开始，在全国中职学校首次设置了"职业道德与职业指导"必修课程。2008年，教育部启动第三轮德育课程改革，设置"职业生涯规划"和"职业道德和法律"课程，颁布课程教学大纲，明确职业生涯指导课程的重要地位。注重采取多重措施，推动职业指导进课程，加强毕业生就业服务制度建设，进一步完善省、市（县）、校三级职业学校人才就业服务体系和机制，并于2003年召开了首次全国职业技术学校职业指导工作交流会。

**专栏16　职业指导制度规范**

| 名称 | 部门 | 时间 |
| --- | --- | --- |
| 《关于加强职业技术学校职业指导工作的意见》 | 教育部 | 2002年 |
| 《关于做好中等职业学校毕业生就业服务工作的通知》 | 教育部 | 2004年 |
| 《中等职业学校德育大纲》 | 教育部 | 2004年 |

**建立就业公告制度。** 2004年起教育部启动中职学校毕业生就业情况抽样调查工作，并逐步建立中职毕业生就业统计分析发布机制。2007年以来各省（自治区、直辖市）均按要求定期报送有关中职毕业生就业的基本数据，教育部每年通过新闻发布会等形式向社会公开发布。2010年以来增加了毕业生就业质量抽样调查项目。中职生就业统计分析发布已经成为一项常规性、制度性工作。

**搭建就业服务平台。** 目前已普遍建立了省、市（县）、校三级职业学校人才就业服务体系和机制，完善中职学生就业信息服务系统，为学生就业需求和企业用人需求提供个性化的援助。各级教育行政部门和各职业学校都设有专门机构负责职业指导和就业工作，全国中职学校在职业指导和就业机构工作的专职教师达 6 万人左右。

**实例 36**

### 青岛设立职业学校毕业生就业市场

根据职业教育"地方为主"的管理要求，青岛市成立"青岛市人才市场职业学校毕业生就业市场"以来，共安置了本市 6.2 万名中职学生实习和就业，为近 9 万名学生进行了 400 余场就业指导讲座。2010 年在全国地级市中率先开通"青岛市中等职业学校实习就业网"，提供用人信息、毕业生就业跟踪调查、劳动力市场预测与分析等服务。这种专门化的市场具有专业针对性强、管理规范、运行稳定、信息权威、服务周到、功能健全、集约程度高等特点，因而受职业学校、学生、家长以及用人单位的欢迎。

## 5.3 深化课程教学改革

**颁布实施新课程标准。**以提高质量为核心，不断深化人才培养模式改革。对中职学校语文、数学等 7 门公共基础课程，以及各专业大类的基础课程教学大纲进行了修订，组织编写出版了 160 种国家规划新教材，遴选出一批体现课程改革要求的示范性教材。

**专栏 17　中职学校管理制度规范**

| 文件名称 | 发文机构 | 发文时间 |
| --- | --- | --- |
| 《中等职业学校管理规程》 | 教育部 | 2010 年 |
| 《中等职业学校设置标准》 | 教育部 | 2010 年 |
| 《中等职业学校学生学籍管理办法》 | 教育部 | 2010 年 |

## 专栏18　中职教学管理制度规范

| 文件名称 | 发文机构 | 发文时间 |
|---|---|---|
| 《关于进一步深化中等职业教育教学改革的若干意见》 | 教育部 | 2008 年 |
| 《关于制定中等职业学校教学计划的原则意见》 | 教育部 | 2009 年 |
| 中等职业学校语文等七门公共基础课程教学大纲 | 教育部 | 2009 年 |
| 中等职业学校机械制图等 9 门大类专业基础课程教学大纲 | 教育部 | 2009 年 |
| 《中等职业学校专业目录（修订）》 | 教育部 | 2010 年 |
| 《中等职业学校专业设置管理办法》 | 教育部 | 2010 年 |

**对接产业发展新需求。**2010 年修订的《中等职业学校专业目录》在内容体系上作了重大调整，设立和完善了专业名称、专业（技能）方向、对应职业（工种）、职业资格证书举例、继续学习专业举例等项内容。目录设 19 个专业大类，321 个专业，854 个专业（技能）方向，对应 1 075 个职业（工种）、689 个职业资格证书、376 个继续学习专业方向，规范和完善中等职业学校专业设置管理。努力推进专业与产业、企业、岗位对接，专业课程内容与职业标准对接，教学过程与生产过程对接，学历证书与职业资格证书对接，职业教育与终身学习对接。

## 专栏19　《中等职业学校专业目录（2010 年修订）》新设专业

2010 年修订的《中等职业学校专业目录》共有 321 个专业。围绕我国产业发展需求，适应发展现代农业的要求增设了"观光农业经营"、"农资连锁经营与管理"等专业；适应发展先进制造业的要求，增设了"风电场机电设备运行维护与检修"、"有色装备运行与维护"、"机电产品检测技术应用"等专业；适应发展现代服务业的要求，增设了"城市轨道交通车辆运用与检修"等 4 个与城市轨道交通发展相关专业、"汽车美容与装潢"等 3 个与汽车产业链发展相关的专业、"网络安防系统安装与维护"等 8 个信息技术类专业,"健体塑身"、"休闲服务"等休闲保健类专业;适应发展民族传统文化产业的要求,增设了"民族织绣"、"民族美术"、"民族工艺品制作"等系列专业。

**发挥行业指导新优势。**2010 年,教育部成立了全国中等职业教育教学改革创新指导委员会,批准成立了若干个行业职业教育教学指导委员会。2011 年,教育部印发了《关于充分发挥行业指导作用推进职业教育改革发展的意见》,强调要"充分发挥行业在人才供需、职业教育发展规划、专业布局、课程体系、评价标准、教材建设、实习实训、师资队伍、企业参与、集团办学等方面的指导作用"。

**实例 37**

### 物流行指委推动专业教学改革

受教育部委托,物流行指委组织起草了《中等职业学校物流专业紧缺人才培养培训指导方案》《中等职业学校物流专业实训基地设备配置推荐方案》《实训基地设备配置推荐方案》;组织编写的物流中职教材经教育部评审列入中等职业学校国家规划教材;举办中职学校物流师资培训,推动在全国范围内设立了 117 家产学研基地,为中职物流学校开展工学结合、校企合作搭建了平台;涌现出顺丰速运等一大批实习实训基地优秀企业。

## 5.4 建立普惠性资助体系

**资助体系不断健全。**从 2007 年秋季开学起,国家实施中等职业学校家庭经济困难学生资助政策,中央与地方共同设立国家助学金,用于资助中等职业学校所有全日制在校农村学生及城市家庭经济困难学生，资助标准为每生每年 1 500 元，90% 的中职在校学生享受到了资助。仅 2011 年，国家就资助了 906 万名中职学生。

从 2009 年开始，国家对中职学校农村家庭经济困难学生和涉农专业学生实施逐步免除学费政策，仅 2011 年，中央和地方财政投入免学费资金 79 亿元，覆盖了 395 万名中职学生。

从 2012 年秋季学期起，扩大中等职业教育免学费政策范围，对公办中等职业学校全日制正式学籍一、二、三年级在校生中所有农村（含县镇）学生、城市涉农专业学生和家庭经济困难学生免除学费（艺术类相关表演专业学生除外）；将中等职业学校国家助学金资助对象由全日制正式学籍一、二年级在校农村（含县镇）学生和城市家庭经济困难学生，逐步调整为全日制正式学籍一、二年级在校涉农专业学生和非涉农专业家庭经济困难学生。

**专栏 20　关于中职学生的国家资助政策**

| 文件名称 | 发文机构 | 发文时间 |
|---|---|---|
| 《关于完善中等职业教育贫困家庭学生资助体系的若干意见》 | 财政部、教育部 | 2006 年 |
| 《关于建立健全普通本科高校高等职业学校和中等职业学校家庭经济困难学生资助政策体系的意见》 | 国务院 | 2007 年 |
| 《中等职业学校国家助学金管理暂行办法》 | 财政部、教育部 | 2007 年 |
| 《关于进一步加强中等职业学校国家助学金发放管理工作的通知》 | 财政部、教育部、人力资源和社会保障部 | 2008 年 |
| 《关于中等职业学校农村家庭经济困难学生和涉农专业学生免学费工作的意见》 | 财政部、国家发展和改革委员会、教育部、人力资源和社会保障部 | 2009 年 |
| 《中等职业学校免学费补助资金管理暂行办法》 | 财政部、教育部、人力资源和社会保障部 | 2010 年 |

| | | 续表 |
|---|---|---|
| 文件名称 | 发文机构 | 发文时间 |
| 《关于扩大中等职业学校免学费政策覆盖范围的通知》 | 财政部、国家发展和改革委员会、教育部、人力资源和社会保障部 | 2010 年 |
| 《关于扩大中等职业教育免学费政策范围进一步完善国家助学金制度的意见》 | 财政部、国家发展和改革委员会、教育部、人力资源和社会保障部 | 2012 年 |

**实例 38**

### 内蒙古中职学生享受"两免"政策

内蒙古自治区从 2011 年春季开学起,计划用 3 年时间全面实现高中阶段学生免收学费和免费提供教科书的"两免"政策,自治区政府印发了《关于中等职业学校和高中阶段蒙古语(朝鲜语)授课学生家庭经济困难学生实施"两免"政策的意见的通知》。"两免"政策补助资金,由自治区和盟市共同承担,免收学费的补助标准是每生每年 2 000 元;免费提供教科书的标准是高一、高二年级每生每年 550 元,高三年级每生每年 100 元。2011 年享受"两免"政策的学生人数约 54.3 万人。

## 5.5 加强基础能力建设

加强职业教育实训基地建设。2004 年 4 月,教育部、财政部决定实施"职业教育实训基地建设项目",提出"采用中央财政资金引导的方式,推动各地职业教育实训基地建设"。截至 2011 年,中央财政累计投入专项资金 50.6 亿元,围绕国家重点发展产业领域,建设 3 056 个职业教育实训基地,为职业教育发展和内涵建设奠定了物质基础。

实施中等职业教育基础能力建设规划。2005 年开始,国家发改委、教育部、人社部三部委联合实施中等职业教育基础能力建设规划。重点扶持建设县级职教中心。2005年向525所学校投入10亿元，2006年至2010年向2 387所学校投入80亿元，2011年向320所学校投入32亿元，实施基础能力建设和特色学校建设。

实施国家中等职业教育改革发展示范学校建设计划。从2010年到2012年，中央财政重点支持1 000所中等职业学校，引领全国中等职业学校改革创新，加强内涵建设。

实施职业院校教师素质提高计划。"十一五"期间，教育部、财政部实施了中等职业学校教师素质提高计划，中央财政投入5亿元，共完成中等职业学校专业骨干教师培训18万人。"十二五"期间，中央财政将投入至少26亿元的专项支持，2011年已投入3.68亿元，组织了1万名中等职业学校教师参加专业骨干教师国家级培训。

# 6 未来发展

## 6.1 挑战一：人才观念——亟待破除轻视技能壁垒

中国社会科学院发布的《中国人才发展报告》认为，职业教育是国家教育的重要组成部分，但社会上轻视职业教育的现象仍比较严重，对职业学校的认可度有待提高。"学历崇拜、轻视技能"、"劳心者治人，劳力者治于人"等偏见依然根深蒂固，选择上中等职业学校是许多孩子在初中毕业后的无奈选择，接受中职教育的学生被认为大多是"学习不好，被中考所淘汰的学生"。现行的一些政策的制定同样延续着某种偏见，如一些地方存在着"轻专业能力、重社会身份"的传统劳动和人事管理制度，一些地方政府更关注普通教育的发展，等等。所有这些都导致了中职毕业生社会地位较低，职业教育的吸引力不强，破除轻视技能之路任重道远。

## 6.2 挑战二：就业制度——亟待完善国家顶层设计

由于就业准入制度尚需完善，相应法律法规刚性不强、执法不力，职业资格证书制度在执行中还存在一些问题。这不但导致了不平等竞争的就业环境，也在客观上直接影响了中职生的就业，以至在与其他求职群体的竞争中，本应凭借"双证"优势占据就业高点的中职生，并未充分体现出他们的优势。另外，支撑现代职业教育体系建设的国家制度正在构建中，职业资格证书制度的认可度有待提高；就业服务统筹协调机制尚需加强，就业跟踪服务制度尚未形成，学生的合法权益得不到有效维护。当前，亟需完善以法律法规为基础，具有强制性、规范性、操作性和保障性的国家层面就业制度及相关政策体系。

### 6.3 挑战三：基础能力——亟需补齐建设水平短板

"十一五"期间，由于中等职业学校办学规模持续扩大，生均办学条件不容乐观。全国 31 个省（区、市）中等职业学校基本办学条件的监测结果表明，在 6 个监测指标中，有 25 个省（区、市）的达标率没有超过半数（3 个），全国没有一个省（区、市）6 项检测指标全部达标。达标情况相对较好的 6 个省（区、市）全部集中在东部地区。从 2010 年发布的《全国地方政府财政预算执行情况分析报告》来看，中等职业教育的公共财政投入属于最薄弱环节，生均教育财政支出经费在中等教育以及高等教育中最低。从国际比较范围看，2005 年 OECD 国家高中阶段职业教育生均经费是普通教育的 110%，其中德国最高，为 197%。这种状况同中等职业教育发展的战略地位极不相称，也很难满足高素质技能型人才培养的要求。

### 6.4 展望一：人人皆可成才

随着全民受教育程度和创新人才培养水平的明显提高，我国将实现进入人才强国和人力资源强国行列的战略发展目标。构建现代职业教育体系，是今后 10 年中国职业教育整体设计的重要战略，这一战略的实施将改变中职教育成为"终结性教育"的尴尬处境。中等职业学校将继续坚持把立德树人作为根本任务，进一步遵循人才成长规律，更加开放、灵活，创造更有利于人人成才、培养多样化人才的环境，为每个孩子提供能发挥自身禀赋和潜能的合适的成长成才道路，让每一个选择职业教育的孩子都可以实现多途径、可持续发展，都能成为有用之才。

### 6.5 展望二：人人尽展其才

多方分析表明，中国经济还有可能保持 10 年以上的高速增长，对技能型人力资源还将保持"渴求"态势。麦肯锡全球研究院 2012 年发布的《全球劳动力报告：35 亿人的工作、薪资和技能》显示，中国在未来 10 至 20 年将面临着高技能劳动力短缺的困境，结构人口红利将取代总体的数量人口红利继续推动中国经济发展。当前，中国正处于经济社会转型发展的关键时期和攻坚阶段，从世界发达国家发展经验看，推进工业化、信息化、城镇化、农业现代化进程，需要进一步优化人力资源结构，为国家的劳动生产率增长和经济发展打下坚实基础，技术技能型人才将在国家战略中发挥更加重要的作用，相关国家制度将进一步完善，全社会将进一步形成尊重劳动、关心技能型人才成长成才的良好氛围，为走出职业学校的毕业生搭建尽展其才的广阔舞台。

## 6.6 展望三：劳动创造美好生活

对于中职生来说，就业将不仅意味着高就业率，意味着获得一份工作，而是获得一个能充分发挥其技能和获得尊重的职位，体面而富有尊严的劳动将成为中职生就业追求的目标。从外部环境看，党的十八大报告首次提出城乡居民人均收入比 2010 年翻一番的目标，并提出中等收入群体持续扩大，随着一系列就业和劳动保障制度、收入分配制度顶层设计的完善，中职毕业生作为未来中等收入群体的重要组成，其权益将得到进一步的保护，能够实现有充分的就业岗位、有殷实的收入、有充分的社会保障和有可持续发展的机会等。从职业教育自身发展变革看，随着基础能力建设的加强、课程和教学质量的提升、各级各类竞赛、活动平台的搭建以及就业服务的深化，中职生将会成长得更好、工作得更好、生活得更好。在全面建成小康社会进程中，中职生及其家庭对美好生活的期待，将在劳动和创造中一步步变成现实。

# 后记

职业学校学生的思想道德素质和就业状况直接反映职业教育人才培养质量，历来深受社会各界关注。为及时回应社会期待，介绍近年来中等职业学校学生有关情况，特编写本报告。

报告共包括六个部分，从中等职业学校教育基本情况入手，分别介绍了中职学生发展、中职学生就业、中职学生对经济社会的贡献、国家促进中职学生发展与就业的政策举措，展望了学生的未来发展。报告编写历时5个月，在多次研讨、查阅资料、分析数据、搜集案例、问卷调研、访谈交流的基础上，集中了教育行政部门、教育科研机构、一线教师和学生的智慧，增强了此报告的权威性、可读性。

报告编写工作由中国职业技术教育学会牵头组织，编写组由教育部职业技术教育中心研究所，光明日报社，部分地方教育科研机构、普通高校、职业院校、行业组织、新闻媒体和教育行政部门的专家学者及管理人员组成。国务院发展研究中心、中华职业教育社、新华社、中国教育报社等有关单位的同志参与了报告研讨并提出了很多宝贵意见。

报告的编写得到了教育部副部长鲁昕同志的关心和指导。教育部职业教育与成人教育司给予了重要帮助。报告的出版得到了外语教学与研究出版社的鼎力支持。在此，谨向为报告作出贡献以及关心支持报告编写的社会各界人士致以诚挚的谢意。

党的十八大提出"把立德树人作为教育的根本任务"，"把每个孩子都培养成有用之才"，"努力培养学生的社会责任感、创新精神和实践能力"等重要理念和要求，为学生发展进一步指明了方向。期望本报告对于有关政府部门、行业企业、学生家长和社会大众了解中等职业学校学生的发展和就业状况有所帮助，对于职业学校树立正确的人才观和质量观，促进学生全面发展有所借鉴。

限于篇幅和体例，许多中职学校的教育特色和工作亮点难以在本报告中一一列出，对此我们深以为憾。由于时间和能力所限，本报告难免存在一定的疏漏和不足，真诚希望广大读者给予批评指正。

2012 中国中等职业学校学生发展与就业报告编写组

2012 年 12 月 18 日